医療DXが社会保障を変える

マイナンバー制度を基盤とする情報連携と人権

稲葉一将・松山洋・神田敏史・寺尾正之　著

自治体研究社

序　健康保険証とマイナンバーカードの一体化
―その方向性の考察―

稲葉一将

1　健康保険証の廃止方針が打ち出された経緯と背景

　2022 年の秋から冬にかけて、従来の健康保険証が使えなくなり、個人番号カード（以下では、「マイナンバーカード」と略します）だけが使えるかのような情報が、飛び交いました。

　公的文書では、同年 6 月 7 日の閣議決定「経済財政運営と改革の基本方針 2022」が、「オンライン資格確認について、保険医療機関・薬局に、2023 年 4 月から導入を原則として義務付ける」とともに、「患者によるマイナンバーカードの保険証利用が進む」ことで最終的には「保険証の原則廃止を目指す」（32 頁）という内容を盛り込んでいましたが、同年 10 月 13 日、当時のデジタル大臣が、この「原則」の語を用いずに「廃止を目指す」という内容の記者会見を行ったので、冒頭で述べたような疑問が生まれたのです。[1] もともと閣議決定の趣旨が「廃止を目指す」ものだったのかもしれませんが、説明もないまま、「原則」の語が用いられなくなりました。[2]

　閣議決定文書に盛り込まれていた保険医療機関等に対する「オンライン資格確認」の「義務付け」の仕組みや「マイナンバーカードの保険証利用」が有するいくつもの問題点は、本書の第 1 章以下で詳しく

1　記者会見のリンクは、以下のとおりです（https://www.digital.go.jp/news/minister-221013-01/）。

2　2022 年 12 月 6 日からは、デジタル大臣、総務大臣および厚生労働大臣を構成員とする「マイナンバーカードと健康保険証の一体化に関する検討会」が開始されましたが、その「議事概要」（https://www.digital.go.jp/assets/contents/node/basic_page/field_ref_resources/f2f0875a-682f-4ef7-ab54-8c84709f4288/7ebc5042/20221206_meeting_card-integration-mynumber-and-insurance_summary_04.pdf）でも、「2024 年秋に保険証の廃止を目指す」と記されました。

考察されますので、ここでは述べません。ここで述べたいのは、健康保険証を廃止してでも、マイナンバーカードの普及が急がれるのはなぜか、というその背景です。

実際に、健康保険証との一体化以外でも、マイナンバーカードを利用する方針が、まさに矢継ぎ早に打ち出されてきています[3]。そして2022年12月23日には、閣議決定「デジタル田園都市国家構想総合戦略」が、「マイナンバーカード」による「利便性の高い市民カードの実現」、「利便性の高いオンライン市役所サービスの実現」および「民間電子商取引の発展」等の「マイナンバーカードの普及促進・利活用拡大」（238頁以下）を盛り込みました。

健康保険証の廃止は、その方針の策定過程が不透明かつ強引で異様に感じられましたし、本書が論じるように医療提供体制が変質すれば、結局、患者の生命や健康といった人権にかかわりますから、健康保険証の廃止これ自体がいくつもの問題点を有します。しかし、距離を置いて眺めてみれば、これもマイナンバーカードの普及という目標を達成するための、一手段に位置すると考えられます。

マイナンバーカードには、個人番号（以下では、「マイナンバー」と略します）の記載のみならず、顔写真の表示や二種類の電子証明書の搭載というように、表面と裏面との違いも含めて、多くの機能が備わっています[4]。多機能が備わった一枚のカードというと、使い勝手が良いものだと思いがちですが、しかし個々の国民が必要とする個々の機能

3　第16回デジタル臨時行政調査会作業部会（2022年11月30日）の「資料1コンビニ業界における酒・たばこ販売時の年齢確認ガイドラインの作成」（https://www.digital.go.jp/councils/administrative-research-wg/0196dc94-0101-4063-8d6e-a8af88589d2c/）では、無人レジでの酒やたばこの販売時における年齢確認の一手段として、マイナンバーカードの読取方式が検討されました。

4　総務省のホームページに掲載された「マイナンバーカードの三つの利用箇所について」（https://www.soumu.go.jp/kojinbango_card/03.html）や、「マイナンバーカードは、これからの時代の本人確認ツール」（https://www.soumu.go.jp/main_content/000711987.pdf）をご覧ください。

だけを選べませんから、余計な機能まで加わっているので不安を感じるという意味では、使い勝手が悪いものだともいえます。

　マイナンバーカードが普及すると、短期的にはどのようなことが可能になり、その次に中長期的にはどのような制度変化が生まれてくるのかを予測しながら、健康保険証の廃止も含まれるマイナンバーカードの普及が有する問題点を知っておかねばなりません。

　なぜなら、問題点を知らないまま、マイナンバーカードの取得は任意だからと発行を申請することは、問題点を知らないまま、マイナンバーカードが普及することによって「デジタル社会」の「形成」を手助けすることになるからです。また、そうして「形成」されてくる「デジタル社会」で生活しなければならないのは、私たちだからです。

　この序章は、読者の皆さんが冷静かつ客観的に問題点を考察する場合のポイント（要点）を簡単に述べる意図で書かれているものです。

2　マイナンバーカード取得とマイナポータルとの関係

(1)　発行の申請によるマイナンバーカードの取得

　行政手続における特定の個人を識別するための番号の利用等に関する法律（2013 年法律第 27 号。以下では、「番号法」と略します）は、マイナンバーカードが「住民基本台帳に記録されている者の申請」（同法 16 条の 2 第 1 項）に基づき、発行そして交付されると定めています。申請するのか否かは任意です。

　番号法においては任意の申請による取得の仕組みが採用されているのにもかかわらず、なぜ、「1」で述べたように、政府はマイナンバーカードの取得を国民に迫っているのか、という疑問が生まれてきます。

(2)　マイナンバーカードとマイナポータルとの関係

　マイナンバー制度全体は、①個人を識別するために付番されるマイナンバー、②本人確認を行うためのマイナンバーカード、③オンライ

ンの窓口になる情報提供等記録開示システム（以下では、「マイナポータル」と略します）という三つの構成要素から成り立っていて、それぞれが強く結びつくことで制度全体が量的に拡大するという論理関係を、私は述べたことがあります[5]。

　これらの②と③に不可分の関係があることは、「マイナポータル」のホームページを参照すれば分かります[6]。その説明によれば、マイナポータルにログインするためには、マイナンバーカードと数字４桁の暗証番号（利用者証明用電子証明書パスワード）が求められますので、この制度設計が変わらない限り、二種類の電子証明書の一つである利用者証明用電子証明書をICチップに搭載したマイナンバーカードがなければ、マイナポータルは利用されないのです。

　そのマイナポータルは「マイナンバーカードをキーにした、わたしの暮らしと行政との入口」[7]といわれているように、これには従来の行政窓口を補完し、さらには代替する役割も期待されているようです。しかし、マイナポータルの機能が強化されたとしても、これを利用するためには「キー」が必要です。こうして、利用が期待されるマイナポータルの「キー」であるマイナンバーカードの普及が急がれているのだと考えられます。

3　課題を発見するために

(1)　マイナポータルの法的規律

　序章の最後に、長めの時間軸を設定しつつ、この延長上に位置すると考えられる二つの課題を、以下では記してみようと思います。

5　稲葉一将・内田聖子『デジタル改革とマイナンバー制度—情報連携ネットワークにおける人権と自治の未来—』（自治体研究社、2022 年）10 頁以下。

6　マイナポータルの「利用者登録の手順のご案内」（https://myna.go.jp/SCK0101_03_001/SCK0101_03_001_Reload.form）。

7　閣議決定「デジタル社会の実現に向けた重点計画」（2022 年 6 月 7 日）92 頁。

　課題の一つは、今回、健康保険証との一体化で注目されるようになったマイナンバーカードの普及によって、一層利用されるようになるマイナポータルの管理と運営を、主権者の意思に基づいて行うべきだ、というものです。

　オンラインでの窓口機能が期待されているマイナポータルは、「代理人」設定も可能になっているようですが、本人がマイナンバーカードでログインするポータルですから、ここには本人のプライバシー情報が含まれています。マイナポータルがワンストップの総合窓口になれば、ここで扱われる個人に関する情報の内容や量は飛躍的に増大することにもなります。

　その場合において、ありうる一つの予測にすぎませんが、マイナポータルにおけるオンライン手続の検索履歴のみならず、マイナンバーカードの利用履歴も追加されるようになり、個人に関する情報が収集・蓄積・融合・解析・活用されるサービスが追加されるようになれば、日々の行動によって生まれる未来を予測して、悪い未来を予防するための情報が、プッシュ通知（自動通知）によってマイナポータルに日々届くようになるでしょう。[8] 一例として、医療費が高い人の過去の行動が解析されて、未来における医療費抑制を目指して、現在の生活に対する指導がマイナポータルに自動通知されるようになれば、動物とは異なり、人権の基礎に存在する人間が自分の意思で自分らしく生きるという欲求までもが抑圧されるようになるでしょう。人権の歴史に立ち戻った考察が求められているように思われます。

　そのマイナポータルは、行政機関であるデジタル庁が利用規約を定めています。これによれば、デジタル庁が「必要があると認めるとき」、

8　本多滝夫「地方行政デジタル化の論点―自治体 DX と地方自治―」『地域と自治体第 39 集』（自治体研究社、2021 年）83 頁は、マイナポータルにアップされる情報が正確であるのか否かという問題点を、これがプロファイリングの結果に基づくものである可能性も視野に入れつつ指摘しています。

システム利用者に対して「事前に通知を行うことなく」、「いつでも」利用規約を改正できると定めていましたが、国民の批判を受けたからか、2023年1月4日の改定後は無制約ではなくなりました。それでも、システム利用者の側が「改正後の利用規約に同意したものとみなされ」るのです。[9]

　しかし、「わたしの暮らしと行政との入口」であるマイナポータルの利用関係が、行政機関であるデジタル庁によって一方的に決められていることは適切でしょうか。むしろ、主権者である「わたし」たちが有する「デジタル社会」の「形成」に関する色々な意見を出し合い、そのなかで最良の意見を一般的な意思として決定する民主主義の実現という観点からは、デジタル庁が利用規約を定めている現状は、主客が逆転しているのではないか、という疑問が生まれます。このような疑問は、色々な意見を反映するべき国会が十分に機能していないので、したがって番号法におけるマイナポータルの規律も弱いので、生まれてくるのです。

　具体的には、マイナポータルでは個人に関する情報が活用されることになるのでしょうから、個人情報保護という目的を実現するための法制度が、その目的規定に個人情報の「活用」が加えられるようになった個人情報の保護に関する法律（2003年法律第57号）だけで十分であるのか否かが問われます。十分でない場合には、番号法の規律が強化されるべきであるのか否かが問題点になります。[10]

　番号法の規律を強化するといっても、マイナポータルの法的根拠は、番号法の目次の章節のどこにも発見できません。同法の附則6条3項および4項1号から3号までで、その根拠が定められているにすぎま

9　マイナポータル利用規約25条3項。同規約は以下のリンクから全文を閲覧できます（https://img.myna.go.jp/html/riyoukiyaku_ja.html）。

10　たとえば、庄村勇人・中村重美『デジタル改革と個人情報保護のゆくえ―「2000個の条例リセット論」を問う―』（自治体研究社、2022年）47-48頁を参照ください。

せん。しかし、法律の附則というのは、施行期日や経過措置などの補足的な事項を定めるために、本則と区別されているのです。マイナポータルの機能が強化されるのであれば、せめて附則から本則に根拠を変えて、マイナポータルの目的とともに個人に関する情報の利用範囲もできる限り具体的に法定されるべきです。

　ただ国会審議を待つだけではなくて、むしろこれに先んじて、マイナポータルに関する不安や不服を、実際の区域（地域）において住民との距離が近い地方自治体の職員、議員や長が受けとめて、そしてマイナポータルの改善点をデジタル庁や総務省に向けて指摘するべきでしょう。地方議会における質疑や質問を議事録に残して、これを公表することも、多方面での情報共有に資すると思われます。

(2)　マイナンバーカード取得義務化これ自体の問題点

　もう一つは、マイナンバーカードとマイナポータルとの関係といったマイナンバー制度そのものからは外れる、外在的な課題です。それは、マイナンバーカードの取得が、任意から義務に転化しようとしていることの問題を、どう捉えるべきかという課題です。

　現在は任意ですが、任意ではなくなれば、2021 年に改正された地方公共団体情報システム機構法（2013 年法律第 29 号）によって、国と地方自治体が共同で運営する法人になった地方公共団体情報システム機構が、マイナンバーカードを発行（番号法 16 条の 2 第 1 項）して、取得を希望しない者も、市町村長から本人確認の措置とともにマイナンバーカードの交付（同法 17 条 1 項）を受けるべく義務づけられるようになります。つまり、マイナンバーカードを取得するように、顔写真の届出義務や出頭する義務が課されるでしょう。そして、この義務を履行しない者に対する罰則が定められるようになるでしょう。

　出頭義務や罰則というと、唐突に感じられるのかもしれません。しかし、たとえば、医療制度内在的な合目的性や合理性がないままに、マ

イナンバーカードと従来の健康保険証とで患者の費用負担額を変える
などして、マイナンバーカードと一体ではない健康保険証を希望する
というだけの理由で患者の負担が増えることになれば、マイナンバー
カードを取得しない者には経済的等の制裁が課されているのではない
か、という疑問が生まれてくるのではないでしょうか。

　健康保険証だけのことではなくて、生活全般においてマイナンバー
カードを取得しないというだけで不便な生活環境がつくられることに
なれば、事実上、マイナンバーカードの取得義務と変わらなくなりま
す。そのような生活環境がつくられた「デジタル社会」とマイナンバ
ーカードの普及が急がれている現状との距離が、遠いのかそれとも近
いのかを、私たちはよく考えるべきです。

　そして、マイナンバーカードの取得が義務づけられるようになれば、
カードの目的は、国民の利便性向上というソフトなものから、国民の
行動履歴の管理とともに、国民からの信任を欠く AI の活用による行
動予測と予防の強化というハードなものへと変質するでしょう。これ
が現実になれば、この現実に合わない性格を有する法制度や法制度の
解釈運用は、この現実に適合するように改変されるようにもなるでし
ょう。[11]

　以上で述べた二つの課題には、情報通信技術の活用によって、行動
の予防が技術的に容易になる、という共通点があります。情報通信技
術の開発や活用が、国民全体に奉仕するのではなくて、一部の有力な
者に奉仕するようになれば、多数の国民が管理の対象になる可能性も
否定できません。しかし、情報通信技術の開発や活用が国民全体に奉
仕するようなものになるように、コントロールする法制度が整備され
れば、もう一つの異なる未来予測も可能です。

11　ここでは述べられませんが、課題を把握する目的のために、他国における番号の利用や提供
の現状、またカード取得義務の問題点を調査することも有益でしょう。

　目の前に見えている問題点を論じるとともに、大局を把握するための学習と未来社会を見据えての責任ある行動が、現在求められていることだと私は考えます。

「医療 DX が社会保障を変える」
―マイナンバー制度を基盤とする情報連携と人権―
目　次

I　医療情報のデジタル化とデータ連携が
　　　医療を変質させる

松山　洋

はじめに

　新型コロナウイルス感染拡大を契機に、各分野で ICT 化・デジタル
化が急速に進められています。本章では、医療分野、特に日常の医療提
供現場で進められる ICT 化・デジタル化政策に焦点を当てます。ICT
化・デジタル化による医療の質向上が強調されますが、最終的な狙い
は、医療機関・自治体などが持つ医療・健康等情報を利活用し、医療
費の抑制や成長戦略につなごうとするものです。本章では、政府が進
める医療・健康のデジタル化戦略を検討した上で、医療現場に多大な
負担を課している「オンライン資格確認」（マイナンバーカードの保険
証利用）について触れ、患者・国民、医療現場からの対抗軸について
考えます。

1　医療ビッグデータ構築のためのデータヘルス改革

⑴　マイナンバー制度は「医療」を変質させる

　これまで医療現場では、会計・検査システム、レセプト（診療報酬
を請求する明細書）、カルテ、画像情報などで順次 ICT 化（電子化）が
進められてきました。医療の質の向上、運営コスト節減は重要ですが、
現在、国が進めるデータヘルス改革はじめ「医療 DX」（デジタルトラ
ンスフォーメーション）には、別の狙いがあります。それは、医療費を
抑制するため、医療の ICT 化・デジタル化を医療提供体制をダウンサ
イジングする梃子として活用するとともに、新規産業育成・市場開拓
を進める「成長戦略」の一環として動員することです。

　政府は、医療費抑制に向けてマイナンバー制度の開始（2016年）を大きな転機と位置付けていました。情報漏洩などへの医療界の強い懸念もあり、マイナンバーと診療情報等との紐付けは見送られました。[1]こうした中、新型コロナウイルス感染拡大を「医療現場のIT化の遅れが原因」などとして、医療分野におけるマイナンバーカード利用（さらにマイナンバーの利用拡大も視野）が推進されつつあります。

　政府が進める医療のデジタル化・ICT化は、マイナンバー制度を最大限活用することが前提です。社会保障費抑制を進める国の方針の下、マイナンバーカードやマイナンバー制度の利用拡大により、医療の"かたち"が大きく変質させられようとしています。

⑵　医療デジタル化のロードマップ—データヘルス改革工程表

　国が進める医療デジタル化計画のベースは、厚労省の有識者検討会が2016年10月に取りまとめた「データヘルス時代の質の高い医療の実現に向けた有識者検討会報告書」です。報告書を踏まえ、「新たな日常にも対応したデータヘルスの集中改革プランについて」（2020年7月）が策定され、その後バージョンアップした「データヘルス改革に関する工程表」（2021年6月策定）として推進されています。さらに、データヘルス改革で構築したオンライン資格確認等システムは、医療・健康・介護分野を包摂した「全国医療情報プラットフォーム構想」に拡張されていくシナリオです。「医療DX」と総称されます。

　医療DXの中核を構成するデータヘルス改革は、ACTION1〜3から構成されます。ACTION1は、全国の医療機関の間における患者の医療・健康情報の閲覧・共有です。ACTION2は、電子処方箋の仕組みの構築です。ACTION3は、患者が自身の医療・健康情報を閲覧・活用できる仕組みの構築・拡大です。

1　個々人の診療情報を紐付ける「医療等ID」（医療等分野における識別子）には、被保険者番号（個人単位化・履歴）を利用する整理がされたことを踏まえる形で、オンライン資格確認等システムが構築されています。

　ACTION 1、ACTION 2 は、通称、EHR（Electronic Health Record）と呼ばれ、個々の医療施設を超えた形で診療情報を蓄積・利用する、いわゆる医療機関間での情報連携です。ACTION 3 は、通称、PHR（Personal Health Record）と呼ばれ、患者・国民の側で自身の医療・健康情報を閲覧し、管理・利用する仕組みです。

　工程表では、ACTION 1 と ACTION 3 に各々含む形となりますが、リアルタイムの診療情報となるカルテ情報（電子カルテ）について医療機関間で閲覧・共有する仕組みを、また患者・国民自らが閲覧・管理する仕組みを構築していきます。

　こうした仕組みの実現に向けて、バックヤードとして個々人の医療・健康情報を集積・管理するデータベースとして「オンライン資格確認等システム」を構築します。このデータベース（及び連携したデータベース）に患者・国民がマイナンバーカードを使いアクセス（保険証として利用、マイナポータルにログイン）して、ACTION 1〜3 を可能とするものです。

　オンライン資格確認等システムなどは、医療機関への診療報酬を審査し支払う審査支払機関（社会保険診療報酬支払基金、国民健康保険中央会）が管理します。審査支払機関は、データヘルス改革を推進する基盤として役割・組織が再編されていきます。

　個人情報データを集積するシステム基盤を構築、相互に連携させ、マイナンバーカードを通じて利用していく点がポイントです。

(3)　オンライン資格確認等システム

　支払基金等では、公的医療保険制度に関わって、被保険者番号、資格情報（加入保険者、有効期限、窓口負担割合、負担限度額情報など）、医療情報（レセプト上の診療内容、特定健診結果等）などについて、被保険者個人ごとに一元的・継続的に履歴を管理しています。これら情報にマイナンバーカード（IC チップ）に内蔵したシリアルナンバ

ーを紐づけます（**図表1－1**）。患者がマイナンバーカードで受診した際（カードリーダーで読み取り）、医療機関からオンライン資格確認回線を通じて審査支払機関に照会がかかり、シリアルナンバーに対応した資格情報などが医療機関に返信されます。資格情報がリアルタイムで返信されることから、オンライン資格確認と呼ばれます。マイナンバーカードを利用した場合（患者の同意が要件）、医療・健診等情報も返信されるため、オンライン資格確認等となります。

　健康保険証（以下、保険証）に記載された被保険者番号に紐付けて個人の資格情報・医療情報を管理しており、保険証受診でもオンラインでの照会を受け付け返信しています。わざわざマイナンバーカード（シリアルナンバー）も使い紐付けて資格確認等を行うのは、マイナンバーカード普及のために医療を利用する狙いがあることは明らかです。

　オンライン資格確認等システムにおいて、医療機関が支払基金等に請求するレセプト情報（ACTION1）を集積しつつ、このシステムを軸に、院外処方箋（ACTION2）、電子カルテ情報などのデータ基盤を構築し、それらを連携させていきます。

⑷　全国の医療機関で医療情報を閲覧する仕組みの拡大―レセプト情報

　全国の医療機関で医療情報を相互に閲覧できる仕組みについては、2021年7月より特定健診情報（過去5年分）、同10月よりレセプト記載の薬剤情報（最長3年分）の閲覧が開始され、2022年9月からレセプト記載の診療情報全体（傷病名、手術名除く）に拡大されています。

　医療情報の医療機関への提供（閲覧）には、マイナンバーカードで

2　利用者証明用の電子証明のシリアルナンバー。シリアルナンバーはカードごとに付与され5年単位で更新されます。地方公共団体情報システム機構（J-LIS）が、更新前後のシリアルナンバーを関連付ける履歴を管理しており、マイナンバーカード取得者はシリアルナンバーとその履歴によって生涯にわたって特定されます。第2のマイナンバーともいえます。

3　オンライン資格確認は、マイナンバーカードの保険証利用（法令名：電子資格確認・通称：マイナ受付、マイナ保険証）、保険証を使う運用の2通りあります。医療機関に整備が義務付けられるのは、電子資格確認です。電子資格確認した場合のみ、医療情報閲覧の利用が認められています。

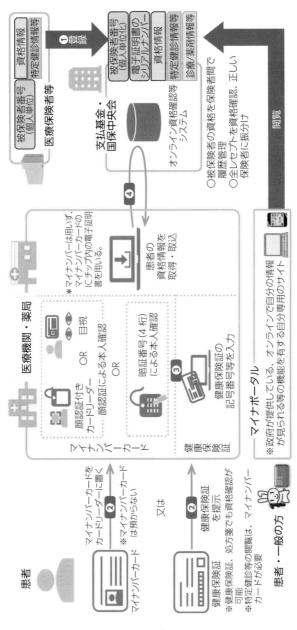

図表 1-1　オンライン資格確認とオンライン資格確認等システム

(出所)「オンライン資格確認の導入で事務コストの削減とより良い医療の提供を〜データヘルスの基盤として〜」、2022 年 11 月、厚生労働省保険局 (https://www.mhlw.go.jp/content/10200000/000663427.pdf)

受診した患者の「同意」が前提となります。提供する対象はレセプト情報のうち、受診歴（医療機関名、診療年月日）、及び診療行為（放射線治療、画像診断、病理診断、処置のうち透析、特定の傷病に対する長期・継続的な療養管理が確認できる医学管理等・在宅療養指導管理料）などです。レセプトの情報のため、該当する治療・診断・検査の有無であり、診断画像・病理診断の結果、検査値や医師等の所見などはわかりません。病名に直結する可能性が高い「手術」（移植・輸血、短期滞在手術など）の情報提供は2023年5月を目途とされています。レセプト上の「傷病名」は、患者への告知を前提に開示するため、レセプト上で告知状況を確認できる方法を検討後に実装する予定です。

　合わせて、自治体や保険者が所有する乳幼児健診、学校健診、予防接種履歴に加えて、自治体検診（歯周疾患、骨粗鬆症、肝炎ウイルス、がん）の結果情報なども、順次閲覧範囲に加えていきます。

⑸　**全国の医療機関で医療情報を閲覧する仕組みの拡大―処方箋、電子カルテ**

　2023年1月下旬から医療機関には、ACTION 2（電子処方箋）として、院外処方箋の内容（調剤済み時は調剤内容）が提供（閲覧）されます。これにより、レセプトでは最長1月半程度の遅れが生じる処方内容・調剤結果について、リアルタイムでの情報共有を可能にします。

　レセプトは医療機関・薬局より支払基金等に提出されていますが、処方箋（調剤結果）の情報は、医療機関・薬局内に留まります。支払基金等が管理する「電子処方箋管理サービス」を構築して、医療機関・薬局に同サービスへのデータ登録を求めます（**図表1-2**）。

　さらに、2025年度運用開始を視野に、電子カルテ情報の閲覧に向けた作業が進められています。医療現場での有用性やシステム負荷などを考慮し、当面、交換する標準的なデータ項目として、6項目の医療情報（▽傷病名▽アレルギー情報▽感染症情報▽薬剤禁忌情報▽検査情報（救急時に有用なもの、生活習慣病関連）▽処方情報）、3点の文書（▽診

図表1-2　電子処方箋管理サービス

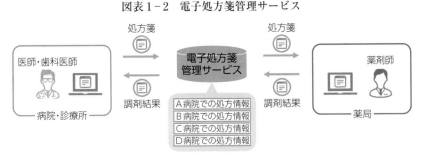

（出所）「そうだったのか、電子処方箋」、2022年7月25日、厚生労働省医薬・生活衛生局（https://www.mhlw.go.jp/content/11120000/000975529.pdf）

療情報提供書▽キー画像等を含む退院時サマリー▽健康診断結果報告）から閲覧を始める見通しです。傷病名は告知済みを前提とし（災害・救急時は閲覧可能）、感染症情報は情報の登録・閲覧時における患者本人の同意取得を前提として閲覧可能とします。以降も、医療情報等の閲覧範囲を広げる方向で検討していきます。傷病名はじめ検査値・アレルギー・感染症など患者の心身・疾病に関わる情報が提供されていくことになります。

　電子カルテはベンダーが個々に開発し、医療機関も自院の診療特性に応じてカスタマイズしており、異なるベンダー間では正確な形での医療情報の交換などが困難となっています。そのため、電子カルテ間の情報連携が容易となるHL7FHIR規格（厚労省標準規格）を実装した標準的カルテの開発・普及が進められています。電子カルテの普及率（2020年）は、一般病院では400床以上で9割超ですが、200～300床台では74.8％、200床未満、医科診療所では5割です。400床未満の病院、医科診療所を対象に電子カルテ（HL7FHIR規格）の導入コストを補助していく方針です。

　電子カルテ情報の閲覧については、中継サーバーとして「電子カルテ情報交換サービス」（仮称）を構築します。医療機関は電子カルテ情

図表1-3 電子カルテ情報交換サービスに蓄積するPUSH型、
医療機関に照会するPULL型

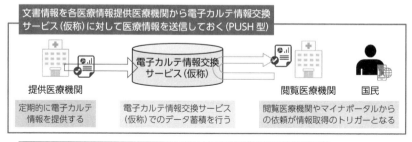

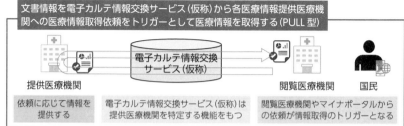

（出所）「電子カルテ情報の提供の仕方について（案）」第5回健康・医療・介護情報利活用検討会、医療情報
ネットワークの基盤に関するワーキンググループ、2022年11月28日（https://www.mhlw.go.jp/stf/
newpage_29319.html）

報を同サービスに登録（蓄積）しますが、登録上の負担、蓄積に係る
負荷度合、システム整備費用や医療機関に直接照会した場合のレスポ
ンス遅延などを考慮して、サービスに保管した情報を直接取得しにい
く方式、同サービスを経由して医療機関に照会する方式の間で棲み分
けを図っていく方向です（**図表1-3**）。電子処方箋と同様に、システム
効率面から、同サービスの管理・運用は審査支払機関が担うことが予
想されます。

⑹　**自らの医療情報を閲覧・利用できる仕組みの拡大―PHR**

オンライン資格確認等システムなどをベースにして、患者が自身の
医療・健康情報を閲覧・管理する仕組みであるPHR（personal health
record）を構築します。マイナンバーカードを使い、行政機関との窓口

となるマイナポータル（公設の電子私書箱）を通じて、自身の医療・健康情報を PC やスマートフォンなどで閲覧（ダウンロード可能）し、健康・疾病管理に役立てるというものです。患者自らの情報であるため、医療機関間で提供（閲覧）する情報範囲は閲覧を可能としています。

　PHR については、医療従事者等と相談しながら、自身の健康増進等に活用することに加えて、本人の「同意」を通じてヘルスケア企業なども情報が利活用しやすいシステム設計とします。自身の個人データを民間事業者に提供・利活用することの見返りに便益を受け取る「情報銀行」も活用しながら、"医療・健康サービス"の開発などを進めていきます。市民生活を対象とした新たなビジネスモデル構築を進める「成長戦略」の一環として、個人の医療・健康情報を"儲けの種"に利用していくことが懸念されます。

　個人が個々の医療機関に診療情報の開示を求める形から、マイナンバーカードの利用を起点として、個人の医療・健康情報全体がデジタルデータとして提供され、医療機関の外部に大量に継続的に流出していく経路が構築されることになります。

2　データヘルス改革を梃子に"医療の統制"へ

　データヘルス改革が進められる一方、ACTION 1・同 2 の前提となる医療機関におけるオンライン資格確認整備は約 1 割とほとんど進みませんでした（2022 年 5 月時点）。改革工程表のスケジュールを維持するため、国は、2023 年 3 月末までにオンライン資格確認整備の原則義務化を打ち出した上、2024 年秋には保険証の廃止を目指すなど強硬路

4　加賀市（石川県）は国家戦略特区（デジタル田園健康特区）を活用して医療版「情報銀行」の制度構築を進めています。フレイル予防、ロコモ対策、糖尿病や循環器系疾患の予防などを対象としています。市が認定した事業者（情報銀行）が開設する PHR サービスを医療機関による医療提供と一体で提供するサービスとして注目されますが、本人の努力や家族の支援が過度に強調され、医療・介護サービスから遠ざけられるような仕組みとならないよう動向が注視されます。

線に転じています。医療現場、患者・国民との軋轢・摩擦を無視して突き進む背景には、①監視・統制社会の構築、②医療・社会保障費の抑制、③デジタル利権の強化（本稿では省略）などがあげられます。

(1) マイナンバーカードを唯一の証明書に—監視・統制社会

　政府は「デジタルガバメント実行計画」（2020年12月）を閣議決定しています（最新版は2022年6月）。この計画には、マイナンバーカードの保険証利用を先頭に、各種カード機能との「一体化」を進めていく工程が示されています。医療関係では、お薬手帳、医療券・調剤券（医療扶助）、介護保険被保険者証、母子健康手帳などがあげられています。就労関係では、ハローワークカード、ジョブカード、各種国家資格証（医師、歯科医師免許も含む）などを、各種証明書等では在留カード、教員免許状、大学の教員証・学生証、障碍者手帳、運転免許証、さらに公共サービスに関わって、公共交通サービス、図書館カードなどを一体化するとしています。マイナンバーカードをあらゆる資格証明書・利用証明書として利用可能として、万能の身分証明書（国内版パスポート）に成長させつつ、最終的には、保険証と同様に既存券面は廃止して、唯一の身分証明書にしていくことが狙いです。患者・国民にとっては、マイナンバーカードを携帯・利用しないと生活が不便・困難となり、カード取得が事実上義務化される形です。

　例えば、群馬県前橋市では、医療アクセス確保のために移動困難者（後期高齢者、65歳以上で運転免許証なし、障害者、介護等認定者、難病患者、妊産婦など）に対してタクシー運賃を補助するサービスがありますが、2022年度より、既存の紙の利用券が廃止され、マイナンバーカードでの利用に限定されています。前橋市はマイナンバーカードの実証実験を進めてきたモデル自治体であり、こうしたマイナンバーカード利用のごり押しが全国に広がる事態も懸念されます。

⑵　医療従事者の有事動員、国民の監視・統制へ

　各種国家資格証に関わって、政府共通のプラットフォームとして「国家資格等情報連携・活用システム」を構築します。マイナポータルを活用して免許登録・更新や資格管理の事務等におけるマイナンバーの利用・情報連携を行うことが 2024 年度から予定されています。当面 32 職種の国家資格を対象として、約 300 程度の国家資格に順次拡大するとしています。

　国としては、有事の際にこれらの職種を効率的に動員することが可能になります。平時より、医師・歯科医師などの専門職集団は職業的良心に基づき自らを律する形で職業上の自由を付与するプロフェッショナル・オートノミー（Professional Autonomy）を機能させています。保険証廃止を契機にマイナンバーカード取得が実質義務化されていく中で、免許更新制の導入をはじめ職能団体への過度な介入が始まることも懸念されます。

　一般市民も無関係とはいえません。オンライン資格確認と同様の仕組みを構築すれば、同様な資格・情報管理は技術的に可能と指摘されています。マイナンバーカード（シリアルナンバー）を関連する情報に紐づけて管理するサーバーを構築します（例えば、教員免許サーバー、学生証サーバー、在留者サーバー、公共交通サーバーなど）。次いで、マイナンバーカード（電子証明書）を読みとるカードリーダーを該当施設に設置するなり、関係職員が携帯します。例えば、公務員が携帯カードリーダーで、在留外国人のマイナンバーカードを読み取ればリアルタイムで照会結果を確認できるという形です。

　マイナンバーカードの取得、日常携帯、利用が広がるにつれて、マイナンバーカードを持たない・所持しない者は“不審者”として認知されていくのではないでしょうか。安心・安全、治安維持やテロ対策などを口実に、警察官が職務質問などでマイナンバーカード所持の有

無を確認し、携帯カードリーダーで読み取り、再質問、警察署に任意同行を求めるなどの光景も出てくるかもしれません[5]。

マイナンバーカードの国内版パスポート化に向けて、枚数が突出して多い保険証利用は起爆剤（尖兵）として利用されています。公共性が高く、全ての人が利用し、利用頻度も高い公的医療保険サービスにおいて、顔認証（生体認証）も含めたマイナンバーカードの利用が進めば、マイナンバーカード携帯・利用や生体認証への心理的ハードルも下がり、サービス全般での利用も進みやすいという狙いと思われます。

(3) ICT化・デジタル化を梃子に医療再編へ

次に、ICT・デジタル化を梃子に公的医療費の抜本的抑制を図るという狙いがあげられます。大企業の社会的負担（税・保険料）の軽減を図るため、医療費抑制に向けて医療提供体制改革が図られてきました。小泉政権では、混合診療の全面解禁、株式会社の病院経営参入など公的医療保険制度の全面解体が目指されましたが、事実上頓挫しました。第2次安倍政権では、病床削減を軸に据えた地域医療構想などを進めましたが、統制が効きにくい民間病院が病床全体の9割を占める中で実効性を欠き、急性期医療を多く担う公立・公的病院の削減もコロナ危機で事実上凍結状態に追いこまれています。こうした中、医療費（1人あたり）の地域差の半減などに向けて、データヘルス改革による医療・健康情報の一元管理を梃子にして、「効率的」な医療提供体制に削ぎ落としていく流れが強められています。

マイナンバー制度の利用拡大、保険証廃止も含めて、データヘルス改革の徹底を通じて再編される医療提供体制の全容については、予測的な側面も含みますが、ここでは、①医療情報連携を梃子にした診療内容の制限・統制、さらに「標準的医療」の構築、②PHRを通じた健

5　一般市民に関わる記載は以下の著作に負います。『あれからどうなった？マイナンバーとマイナンバーカード』黒田充、日本機関紙出版センター、2020年、210〜221頁。

康「自己責任」論の強化、③所得再分配に基づく社会保障制度の脆弱化、さらには根本的解体―などを指摘したいと思います。

(4) 医療現場の裁量権の制限へ―レセプト査定の厳格化

医療情報連携（EHR）の強化を通じて、医療提供体制の削ぎ落としを図り、医療費抑制を進めます。マイナンバーカード受診を広げつつ、受診の度にオンライン資格確認（特に医療情報閲覧）を行わせます。これまでオンライン資格確認について月初めの実施で良いとしてきましたが、急遽、運用マニュアルが変更され、毎回オンライン資格確認するよう強調しはじめています。

オンライン資格確認のランニングコスト補填として、診療報酬上の加算（医療情報・システム基盤整備体制充実加算）をつくり、医療情報閲覧に向けて政策誘導を進めています。当該加算を算定する医療機関には医療情報閲覧機能を装備した上で、原則医療情報を閲覧する（患者の同意を取得）よう促しています。受診の都度、他院の医療情報が「見える化」される結果、"重複、頻回"な受診・検査・処方の有無などが分かり、診療制限（受診抑制）が促されていきます。医療情報を閲覧した上で検査・処方した場合、集中的に査定され、減点・自費扱いが増えることが考えられます（例えば同一週内の同一検査、同月内の同一処方による処方上限の超過。後者は保険診療と自費診療の混在により、形式上は全額自費扱い）。

電子カルテ情報を閲覧する形になれば、診断・治療の状況・結果まで分かり、自院で行う検査・投薬などの「適正性」がより厳しく査定されていきます。「適正性」の立証に関わって、一層詳細なカルテ記載（医学的根拠、患者への説明のあり方など）を求めていくことが考えられます。

患者に有害事象が生じている多剤併用・処方カスケード[6]の解消な

---

6 服用している薬による有害事象が新たな病状として誤認され、それに対して新たな処方が生

どは当然のことですが、審査支払機関が「医療費適正化」を進める組織に改編されていく中で、一律・機械的な審査・査定、指導が強められ、目の前の個々の患者の疾患状態等に応じて発揮されるべき医療現場（専門職）の良き裁量が抑制されていく事態が強く危惧されます。

⑸　医療費抑制に審査支払機関を動員

データヘルス改革では、「基盤の整備」として審査支払機関をデータ解析に動員していく方針を示しています。先行して、審査支払機関では、レセプト審査の解釈基準の全国統一化を進めています。コンピュータチェックによる審査でレセプトの９割を完結させることで、審査委員による審査は1%以下を目指します。コンピュータチェックルールの全国統一化を通じて、低位医療費への平準化を推進するとともに、AI（アルゴリズム）も活用して審査のICT化を進めて、各地の支部を集約、職員の２割削減などを図ります。

同様に、関係法令が改正され、審査支払機関の基本業務に医療ビッグデータ分析などが課されています。2023年度予定の法改正では、組織の目的や基本理念等に「診療報酬請求情報等の分析等を通じた医療費適正化」を明記するとしています。医療費抑制などを主眼としたビッグデータの分析・活用に審査支払機関を投入していくものです。オンライン資格確認等システムに集積・連携した情報が審査に転用されて医療費抑制が進められる流れが懸念されます。診療側・保険者・有識者の三者で構成し、患者に適切な診療提供をチェックしてきた審査支払機関が、データヘルス改革を通じて医療内容の統制・管理を進める機構に変質されつつあります。

⑹　削ぎ落としから「標準的医療」へ―「成功報酬方式」の声も

データヘルス改革では、電子カルテの共有・閲覧を最終目標に掲げています。レセプト情報、リアルタイム処方箋の診療情報（特にアウ

まれる処方の連鎖。

トカム）に基づく医療提供を求めて、医療の「余剰」を削いでいきますが、さらに電子カルテ（国規格）を実装させつつ診療データ提出を進めて、アウトカム評価に基づく「標準的医療」を構築し、診療報酬等を「適正化」していくことが考えられます。

　2022年度診療報酬改定では、外来医療（生活習慣病）、リハビリテーション（疾患別）、在宅医療（かかりつけ医機能点数）を対象に、データ提出に係る診療報酬上の加算が導入されました。病院の入院診療実績の平均的水準に準じて支払うDPC方式（1日単位で包括払い）を入院外医療にも活用していく意図が見えます。医療機関では、診療報酬の請求状況、治療管理の状況などの診療内容に関するデータを継続して国に提出します（2023年6・7月分データより提出を開始し、10月より加算算定）。診療データを精査・分析して、治療の実施に応じた評価（出来高払い）から、診療の成果・改善度合いを評価（定額払い）する方向にシフトさせていく狙いがうかがえます。

　さらに進んで、英国に見られる「かかりつけ医」に対する成功報酬方式を目指すべきとの意見も聞かれます。英国では、全診療所に公に標準化された電子カルテが導入されています。その上で10の疾病グループ（冠動脈疾患、糖尿病、高血圧、脳卒中、がんなど）、146の臨床指標（検査値等）ごとに診療ガイドラインに基づいて、標準的な達成目標数値を設定し、目標を達成すれば成果報酬が支払われる方式（通常の診療報酬に加点する形）が採用されています。例えば、糖尿病の臨床指標では、自院で診る糖尿病患者のうちHbA1cが7%以下にコントロールされている患者が多いほど医療機関に高い報酬が支払われるというものです。医療機関間で電子カルテ上の標準的項目を交換（閲覧）できるのであれば、英国に倣って、診療ガイドラインに基づいて、疾患別に臨床指標（検査値等）を設定し、データ送信が容易となる電子カルテ（国規格）から、国に診療内容をオンライン回線を通じて報告し、

その指標達成状況に応じて、医療機関を報酬評価していけばどうかというものです。診療の成果（改善の度合いなど）への支払いは否定されるものではありませんが、財源抑制の下で相対評価（競争原理）として持ち込まれることが懸念されます。2022年度診療報酬改定では一般外来（診療所）の評価は事実上財政中立（±0）です。成功報酬方式が本格導入されれば、診療所の選別・淘汰が進み、競争条件が不利な地域などで医療提供が脆弱化していきかねません。

　標準的な電子カルテ（国規格）の開発・普及には一定期間を要しますが、データヘルス改革の最終地点では、医療機関（電子カルテ）⇒電子カルテ情報交換サービスに登録⇒オンライン資格確認等システムといった連携が想定されるため、カルテ情報をベースにした成功報酬方式もシステム基盤上は可能になることに注意が必要です。

3　データヘルス改革を梃子に公的医療保険制度の脆弱化・解体へ

⑴　マイナポータル等を軸に行動変容を進める

　データヘルス改革は、患者・国民そして公的医療保険に何をもたらすでしょうか。

　まず、PHR利用を通じて健康「自己責任」の風潮が強まることが危惧されます（**図表1-4**）。日本経済団体連合会は、マイナポータル等に個人のあらゆるライフログ（歩数・購買・移動はじめ生活関連データ）も重ね合わせて活用していくことを提言しています[7]。マイナンバー法において、マイナポータルには特段の「利用制限」は課されていません。医療費抑制に向けて数値目標などを設定して、マイナポータルに集めた個人情報をAI（アルゴリズム）で解析して、個人の健康・疾病リスクを予測し、マイナポータルに表示される情報（利用者への「お知らせ」など。連携した民間アプリに転送も）を調律・調整して、健康・疾

7　日本経済団体連合会「Society 5.0時代のヘルスケアⅡ」、2020年7月14日。

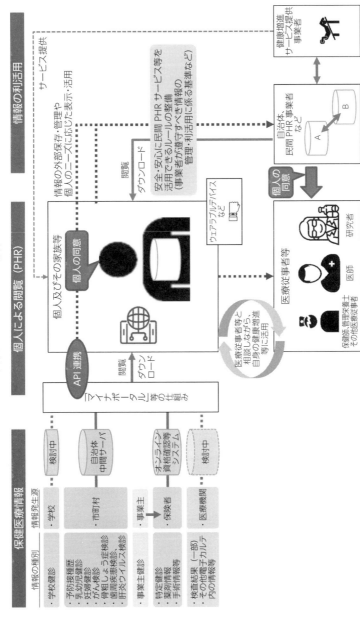

図表 1 - 4　PHR の全体像

（出所）第 6 回健康・医療・介護情報利活用検討会、第 5 回医療等情報利活用 WG 及び第 3 回健診等情報利活用 WG 資料、2022 年 12 月 9 日 (https://www.mhlw.go.jp/content/12600000/000703072.pdf)

病・介護リスクの低減に向けて行動変容を促していくことも可能です。健康・医療情報の「お知らせ」として、肥満気味と推測される人に向けて、「痩せないと〜になりますよ」など注意喚起（警告）し、運動やダイエットなど促し医療費抑制を進めようというものです。マイナンバーカード利用の広がりとも並行して、マイナポータル（民間アプリと連携）のチェックが、朝の天気予報確認のようにルーティン化されていき、健康管理・予防＝個人の行動・生活習慣を強調した健康「自己責任」の風潮が強められていきます。

　もっとも、マイナポータルの恒常的利用、プロファイリングを通じた行動変容の浸透には時間を要し、高齢者などデジタル技術に強くない者による PHR 利用も限定されます。自治体・医療団体・事業者間での PHR サービス開発とその好事例の横展開が進められるとともに、健保組合における特定健診・特定保健指導実施率の引上げに向けたデータヘルス事業や、国保・後期高齢者における介護予防と保健事業の一体的実施において、補助金・支援金なども通じて、PHR 利用などが組み込まれ、雇用者（保険者）による勤労者・被保険者の管理の強化が進む流れなどが考えられます。

⑵　公的医療保険制度の完全解体―社会保障個人会計

　個人情報を集中させていくマイナポータルを基盤にして、かつて与党議員から提言された「健康ゴールド免許」[8]の具体化が可能となります。頑張って健康を維持した人には窓口負担軽減などインセンティブをつけようというものです。"運転免許証では優良運転者に「ゴールド免許」が与えられるのだから、医療介護でも IT 技術を活用して（筆者：マイナンバー制度を使い名寄せ）、個人ごとに検診履歴等を把握し、健康管理にしっかり取り組んできた方をゴールド区分にする。い

8　自民党・2020 年以降の経済財政構想小委員会「人生 100 年時代の社会保障」、2016 年 10 月 26 日。

わば医療介護版のゴールド免許を作り、自己負担を低く設定することで、自助を支援すべき"というものです。「意欲に応じる」などとしていますが、結局、健康のためにお金と時間を掛けられる人が窓口負担を3割から2割などに軽減されることとなり、富める者はさらに富む結果となります。劣悪な労働環境や公衆衛生行政の弱体化には目をつむり、格差を肯定し拡大する事態となることが危惧されます。

　マイナポータルは「社会保障個人会計」「死後清算」などのシステム基盤に転用していくことも可能です。マイナンバーの利用範囲等を拡大していけば、個人の医療・介護（レセプト、健康・疾病状態）、税金、年金などに関わる個人情報が全て芋づる式につなげられ、個人・家計レベルにおいて負担と給付に係る情報が詳細に把握できるようになります。小泉政権時代に経済界などから提唱された個人が負担する税・保険料の範囲内に給付を抑える「社会保障個人会計」の導入が可能となります。関連して、経団連は「財産相続時における、社会保障受給額（特に年金給付）のうち、本人以外が負担した社会保険料相当分と相続財産との間で調整を行う仕組み」[9]を提唱しています。死後精算の形で遺産・相続財産から給付金を回収するというリバースモーゲージの変型版です。これらは国民皆保険制度を個人負担＝個人給付の等価交換という民間保険制度に変質させるものです。最終的には、所得再分配に基づく社会保障制度の根本的解体に行きつきます。

(3)　安全・安心の医療に影響も—PHR利用

　PHR利用の進展は、個人の行動変容とともに、医療の"かたち"を変容させていく可能性もはらんでいます。

　これまで、医療は事実上、▽公的保険医療であり、▽医療機関（対面診療）で受けて、▽医療等データは医療機関が保有してきました（カルテ開示は患者が個々の医療機関に申請）。PHR利用（さらに民間PHRに

9　日本経団連「社会保障制度等の一体的改革に向けて」、2004年9月21日。

導出・連動）が浸透していけば、医療において▽民間事業の医療・健康サービスを利用し（無料・利用料、自費診療）、▽モニタリング管理、オンライン相談が行われ、▽自身の医療・健康データ（電子カルテ情報など）をマイナポータルで管理、医療機関以外の事業者が保有（流出）する状況が増えていきます。医療・健康管理に関わる範囲・関係者・場が拡大（拡散）していきます。

　民間 PHR（ウェアラブル端末など）などは、サービスの質・安全性、エビデンスの担保や情報セキュリティ確保などが課題です。利用料を支払えない者やスマホ・PC がない者などはサービスの恩恵を受けられない一方、「無料」を理由に、効果も不明瞭なサービスが蔓延しないとも限りません。生活習慣改善をアラートするサービスなどは、治療すべき機会の逸失などに結び付く可能性もあります。

　また、適切・効果的な利用、データの正しい解釈などが不可欠です。生活習慣病患者などでは、適切な助言や診断・管理に向けて、本人の性格・生活背景なども踏まえつつ、医療専門職がデータを把握し関与（介入）していくことが求められます。未病・初期予防、健康づくりなどで利用すれば、サプリや健康食品の摂取、ジム通いなどヘルスケア関連サービスの利用も増えていきますが、医学的判断に基づく適切な助言が重要です。

　医療・健康データを自己管理する PHR は、擬似医療などにならないように、安全・安心な医療確保に向けて、かかりつけ医など医療専門職が利用者（患者等）に寄り添っていくことが求められます。

⑷　**安全性ないがしろのオンライン完結型医療へ**

　オンライン診療は医療のデジタル化の一環として推進されています。コロナ禍で緊急避難措置として時限的に認めていた初診からのオンライン診療が 2022 年度診療報酬改定において制度化（恒久化）されています。同様に、対面診療にほぼ同等の報酬水準設定、算定対象疾患の

大幅拡大、対面診察の間隔などの縛りの廃止などで、オンライン診療に向けて水門が大きく開放されています。

　さらに、オンライン資格確認等（医療情報閲覧）を通じて患者情報収集を進めて、初診からオンライン診療で完結する医療スタイルを広げていきます。国が目指すICT化された医療は、患者がPCやスマートフォンからオンライン資格確認（医療情報閲覧）を行い、そのまま画面越しに医師からオンライン診療を受け、マイナポータルに「電子処方箋」を交付してもらい、送信先の薬局においてオンライン服薬指導を受けて、薬剤を指定場所に配送してもらう、自宅・会社に居ながら受診が完結するオンライン医療です。医事法制の運用緩和、診療報酬による促進にデータヘルス改革を組み合わせて、オンライン診療を普及させ、医師養成数を抑えた「効率的」医療を進めるという筋書きです。

　オンライン診療は触診・聴診・打診できず、視診も不十分など「現状」から得られる診療情報が大幅に制限されます。検査・処置もできず、急変時対応も困難です。初診からのオンライン診療やオンライン完結型医療は無責任といわざるを得ません。

⑸　医療等ビッグデータの民間利活用へ

　医療の質の向上を強調するデータヘルス改革ですが、医療現場ではオンライン資格確認などは必要不可欠とは見ていません。国が強制的に推進する背景には、日本経団連が求めるように、個人情報の「商品」としての利活用があります。国内のモノづくり機能が海外に移転するとともに、経済のサービス化が進む中、事業がITソリューション（ITによる問題解決）機能に傾斜する中、新たな顧客創出・市場開拓（利益）の源泉として、個人情報が標的となっています。データヘルス改革も同様であり、最終的な目的は企業・国がいつでもフリー（自由、タダ）に使えるビッグデータ（データ連携基盤）の構築にあります。

　医療・健康分野では、データヘルス改革において医療機関等が保有

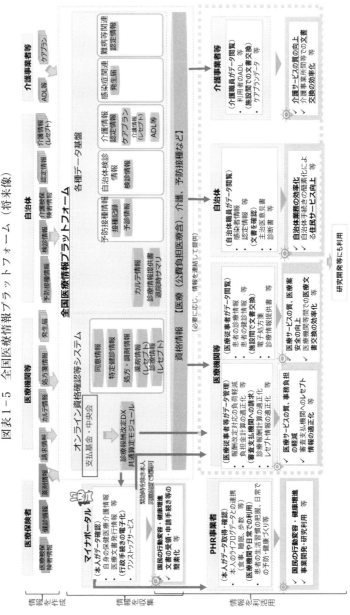

図表 1-5　全国医療情報プラットフォーム（将来像）

（出所）「医療 DX 令和ビジョン 2030」厚生労働省推進チーム資料、2022 年 9 月 22 日（https://www.mhlw.go.jp/content/10808000/000992373.pdf）

する患者情報を集積したオンライン資格確認等システムを構築した上で、医療保険者・自治体・介護事業者等が保有する情報も連携させた「全国医療情報プラットフォーム」に拡張します（**図表1-5**）。さらに、自民党は、プラットフォームの基盤として政府のガバメントクラウドを活用するよう求めています。[10] データ連携の迅速化・円滑化を進める狙いです。プラットフォームを治療の最適化や AI 医療等の開発、創薬・医療機器開発などの2次利用に使うとしていますが、活用次第では、社会的差別・排除につながるサービス・商品開発にも利用できます。国の医療費抑制に向けた政策ツール開発に使うことも可能です。データ利用に関わり、人権に十分配慮した社会的規制の仕組みが必要です。

4　医療現場とオンライン資格確認整備

⑴　煩雑な手間・作業を要する体制整備

　データヘルス改革は、マイナンバーカード受診を前提に置いており、そのためには医療機関等でのオンライン資格確認整備が不可欠です。[11] しかし、オンライン資格確認整備は医療現場に多大な負担を課すものです（**図表1-6**）。

　国は、紙レセプト以外で診療報酬を請求する医療機関（オンライン請求、光ディスク請求。全体の約96％）に原則 2023 年 3 月末までにシステム整備するよう義務付けています。[12] 運用開始した医療機関・薬局は、義務化方針が示される直前の 22 年 5 月下旬で約 13％ にすぎず、23 年 1 月下旬でも 43.2％ です。診療所にいたっては医科で 31.3％、歯科で 34.4％ です（1 月 22 日時点）。

10　自民党政務調査会「医療 DX 令和ビジョン 2030」の提言、2022 年 5 月 17 日。

11　オンライン資格確認義務化の内容と問題点について詳しくは、拙稿「オンライン資格確認義務化と保険証廃止について考える」『国民医療』No.357、日本医療総合研究所、2023 年（近刊）。

12　ベンダー業者との契約上で困難な場合は 9 月末まで猶予、改築工事中・ネットワーク環境が未整備などは一定期間猶予、閉院・廃院予定、70 歳以上で極めて零細な医療機関などは実質義務化除外となります。

図表1-6 オンライン資格確認等に要するシステム整備（標準イメージ）

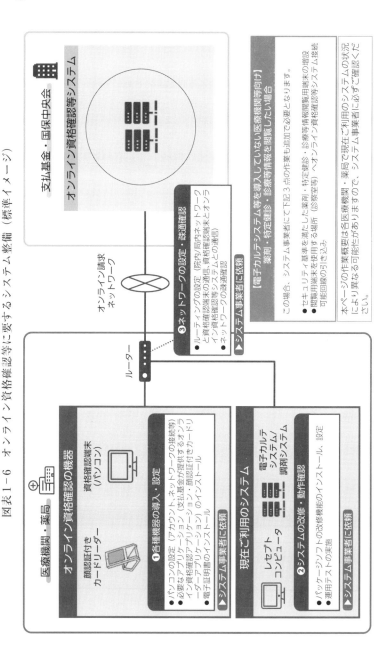

（出所）「オンライン資格確認の導入で事務コストの削減とより良い医療の提供を～データヘルスの基盤として～」2022年11月、厚生労働省保険局（https://www.mhlw.go.jp/content/10200000/000663427.pdf）

　進捗が進まない大きな理由は、システム整備が煩雑な上、セキュリティ確保はじめ運用面でのストレスが大きいことです。支払基金より[13]顔認証機能付きのカードリーダーが無償で交付されますが、オンライン資格確認専用回線を整備（フレッツ光などスペック指定）した上、回線に接続するオンライン資格確認用端末（パソコン）の導入・設定、さらに資格情報を取り込むレセプトコンピュータ改修、医療情報閲覧に要する電子カルテシステム等改修などが必要です。建物構造（ビル診で光回線未整備、建物が古いなど）、地理的環境（光回線未通など）などに応じて、改修規模・工事期間は増します。運用開始後のトラブル・事故に直結するため、既存の院内ネットワーク（光電話、光テレビ、ネットなど）への影響の有無や、各機器間の相性・影響チェックなどには入念な作業が求められます。個人情報をやり取りするため、利用回線、専用端末、利用者（ユーザー ID、パスワード）の届出なども必要です。対応できるベンダーも限られ、新たにオンライン請求回線を敷く場合、着手から運用開始準備完了まで少なくとも半年程度はかかります。

　導入後も、多くの運用マニュアルを理解した上、支払基金のポータルサイトでの更新情報を日々チェックし、常時の稼働が求められます。故障放置などは補助金返還や国からの指導対象となります（義務付けられている場合、保険診療取扱いの指定取消もありえます）。医療機関へのサイバー攻撃（電子カルテが使用不可能など）も続く中、システム導入に伴うセキュリティリスクへの不安は診療所などでは大きいものがあります。コロナ対応にも追われる中、とりわけ診療所は人手が少なく、

13　医療機関に体制整備を義務付けるのは「電子資格確認」です。資格確認機能は必須ですが、医療情報閲覧機能の実装は任意です。もっとも医療 DX の推進から、国は、医療情報閲覧も含めた電子資格確認の整備に向けて強く政策誘導しています。導入に向けて補助金（上限あり）が出ますが、ランニングコストは医療機関の負担となるため、診療報酬加算の算定が必要となります。算定には医療情報閲覧機能整備、オンライン請求が条件となります。ベンダーからは医療情報閲覧機能もセットにした整備を勧める契約が多く見られます。本人確認に関わって「顔認証」も必須ではありませんが、補助金を受ける際の要件とされた上、支払基金が顔認証機能付きカードリーダーを無償交付しているため、一体導入が進んでいます。

ICT スキルも高くなく、院長への作業ストレスや運用面での負荷・不安は甚大です。厚労省はシステムセキュリティに係るガイドラインを遵守するよう注意喚起を促すだけで、医療機関の自助（自己責任）に委ねていることも問題です。

⑵ 「導入メリットに疑問」が現場感覚

　導入が進んでこなかった最大の理由は、医療機関にとって導入メリットが低い点にあります。初診患者や救急患者が多い医療機関では導入を検討する余地もありますが、実際のところ「義務化で強いられたから導入している」医療機関が 9 割以上です[14]。最新の資格状況が分かるため、保険請求先が誤っているレセプトの医療機関への差戻し（返戻）が減るとされていますが、資格喪失後の受診等による返戻はレセプト全体の 0.27% にすぎません。しかも、資格喪失後の受診（うち新資格が判明）について、医療機関が電子レセプトで請求している場合、返戻せずに保険者間で処理しています。診療所の返戻は月に数枚あるかどうかです。「雀を打つのに大砲が必要か」というのが現場の実感です。医療情報閲覧についても、カードリーダー画面上での患者の「同意」が必要ですが（同意した率は特定健診情報は 19%、薬剤情報は 46%。それ以外のレセプトの診療情報は 14% 台に留まります）、普及率が 7 割（70 歳以上は約 85%）と定着した「お薬手帳」（電子版もある）で確認する方が現場では実際的というのが現状です[15]。必要であれば健診結果も患者に持参してもらえばすみます。診療科の特性によっては確認が必須となる薬剤もある程度決まってきます（例えば、歯科ではワーファリン、骨粗鬆症等治療薬、ステロイド薬など）。薬剤によっては処方時に注意を受けている場合も多くあります。難病、透析、在宅など医療密度

14　全国保険医団体連合会「保険証廃止・オンライン資格確認義務化　意識・実態調査」、2022 年 11 月 28 日。回答医療機関＝8707（医科診療所 5186、歯科診療所 2668、病院 449 件、N/A390、無効 14）。

15　内閣府「薬局の利用に関する世論調査（2020 年 10 月調査）」、2021 年 2 月 12 日。

が高くなる患者は通常関係者間で事前に情報連携しています。

　導入に係る負担や導入メリットの低さから、自院で義務化された場合、高齢層（60代以上）を中心に医師・歯科医師の１割前後が閉院・廃業を検討するとしています（愛知県、神奈川県、大阪府の各保険医協会調査）。医療現場が不要と判断しているものをごり押しして閉院・廃業を促進するなど不合理です。

⑶　資格確認に生体認証（顔認証）まで必要か

　他人の保険証を流用したなりすまし受診が横行しており、顔認証ができるマイナンバーカード受診を進めるべきとの声が聞かれますが、これまで保険証の目視による資格確認において、なりすまし受診の横行などは公式上報告されていません。医療機関において受診した患者の「本人確認」が追加で必要と判断した場合、写真付き身分証の提示を求めることができるとの通知も出ており、必要に応じて現場で様々確認しています。

　EUでは高度にプライバシー侵害に関わる生体認証（顔認証等）は原則禁止し、米国も州によっては厳格に規制しています。日本弁護士連合会が指摘するように、マイナ受付に関する顔認証については、「これまで顔写真による本人確認すらしなくても大きな不都合は存在しなかった上、当面写真なしの健康保険証と併用されることに照らしても、顔認証システムを利用しなければならないほどの厳格な本人確認は行政上の必要性に欠ける」[16]というべきです。明白・相当な根拠もないまま、現場に多大な整備負担も課して「顔認証」まで求める合理性は乏しいというべきです。

　導入・運用上の負担、低いメリットなどからも、医療機関に体制整備を義務付ける政策的合理性は全くありません。

16　日本弁護士連合会「行政及び民間等で利用される顔認証システムに対する法的規制に関する意見書」、2021年9月16日。

⑷　４割でトラブル―カードリーダー起動不全も

　しかも、導入した医療機関の４割でトラブルが報告されています[17]。「有効な保険証が無効となった」「カードリーダーの不具合」などが多く見られます。患者の聞取りからは明らかに有効な保険証であっても、保険者側でのデータ更新・登録の遅れにより「無効」と返信されることもあります。極めつけはカードリーダーの不具合です。支払基金が交付するカードリーダー５社のうち３社の製品で、想定内のシステム更新（Windows Update など）により起動しなくなる事故が起きています。

⑸　煩雑な手間と負担、医療保障上も致命的欠陥―電子処方箋

　１月下旬より、「電子処方箋」の運用が開始されています。医療機関では、リアルタイムで他院の処方情報が閲覧できる形となります。また、患者の「同意」がない場合でも、院外処方に際して他院との重複投薬・併用禁忌の自動チェックが受けられます。ただし、院内処方薬は電子処方箋の対象外なため、患者の内服薬全ては把握できず、「お薬手帳の情報の方が価値がある」との声も聞かれます。

　電子処方箋は処方箋・調剤内容を医療機関と薬局の間でやり取りする仕組みです。オンライン資格確認の整備が前提となります。電子処方箋の導入自体は任意です。導入して患者が電子処方箋を選択した場合、医師等は電子処方箋管理サービスに処方内容を登録します。電子処方箋を選択した患者は、電子処方箋に対応した薬局に調剤を持ち込み、薬局は同サービスにアクセスして処方内容（電子処方箋）を取り込み、調剤後は調剤内容を同サービスに登録します。いずれも医療情報のやり取りであるため、三師会が発行する HPKI カード（医師等の有資格者であることを証明する電子的キーを内蔵）の取得が必要となります。

　処方箋自体は電子空間でやりとりされるため、医療機関では、患者側で処方内容がわかるように、処方内容などを記載した紙の「控え」

17　注 14 に同じ。

を交付します。完全ペーパーレスとはなりません。マイナンバーカード、保険証受診のいずれでも電子処方箋を選択できる運用のため、電子処方箋に対応した医療機関は、処方箋を交付する全ての患者に発行形態（紙か電子か）を確認・説明することが求められます。患者が紙の処方箋を選択した場合でも、医療機関は処方内容をサーバー登録します。開始当初は同サービスに電子処方箋がほとんど登録されていないため、処方閲覧等はほとんど受けられず、処方内容を登録しにいく負担だけが課されます。

　紙の「控え」は処方箋原本ではないため、電子処方箋に対応していない薬局では調剤が受けられません。処方箋を保険薬局に持ち込んでも調剤が受けられないことは、医療保障において致命的欠陥を抱えたものといわざるを得ません。国は医療機関で患者に利用上の注意点を説明・院内掲示するよう求めていますが、無責任のそしりを免れません。少なくとも、全ての保険薬局で電子処方箋に対応できる環境を整備してからスタートすべきです。

⑹　全国で連携する仕組みは必要なのか

　一般的に高齢化が進んでいる地域ほど患者が複数の医療機関を利用する傾向があり、人口密度の高い都市圏よりも人口密度の低い地方都市を中心に医療情報連携は発展してきました。地域の実情（患者の賛同も得やすい）に応じて、自治体、中核病院、医師会等の医療団体が中心となり、全国で約270の地域医療情報連携ネットワークが運営され、リアルタイムで診療情報を共有・交換しています。[18]

　医療情報連携の範囲にも関わりますが、わが国では、身近な医療、入院医療、先端・高度医療に応じて医療圏を3層（市町村、複数市町村、都道府県）に設定して、都道府県単位内で医療確保を図ってきました。

18　渡部愛「ICTを利用した全国地域医療情報連携ネットワークの概況（2018年度版）」『日医総研ワーキングペーパー』No.442、日本医師会総合政策研究機構、2020年、38～40頁。

大学病院などが極端に集中する東京を除き、県外から流入する受診はそう多くはありません。県境では県をまたぐ受診動向に応じて医療連携が自ずと構築されています。非常に重篤・希少・特殊な疾患への対応などは都道府県レベルを超えますが、受け入れる医療機関は全国的にも限られ（通常、公に指定・承認を受けている）、患者紹介の形で情報連携がされています（地域に戻る際の逆紹介も含め）。

　頻回受診者や服薬管理困難者などは医療情報連携の必要性は高いですが、一部の患者のために全国で医療機関が参加する仕組みが必要とはいえません。重要なのは患者の発見よりもむしろ問題の解決です。力を入れるべきは患者教育・生活支援や服薬支援などであり、そのために自治体や医療現場でかけている手間ひまへの支援です。

　その他、情報連携が急務なケースとして、救急医療・災害医療、特に人事不省の患者が問題となります。ただし、この場合、保険証券面情報や基本4情報（氏名、生年月日、性別、保険者名又は患者住所の一部）などで支払基金等にアクセスして、医療情報を閲覧すれば済む話です。現に、災害時は緊急避難措置として保険証の情報などでも閲覧を認めており、今後、救急でも同様に可能とします。マイナンバーカードは必要ありません。

⑺ 無責任・無理筋極まる「保険証廃止」

　マイナンバーカードで受け付けた受診は1000回のうち1.3回です（直近の医療費動向が分かる2022年8月分より推計）。1週間平均（1施設当たり）では、病院は8.6人、薬局は2.5人、医科診療所は2.8人、歯科診療所は1.9人にすぎません（2022年12月実績）。大半の人はマイナポイント目的でカード申請・登録したものの、紛失の恐れなどもあり自宅等にしまい込んでいる状況です。

　マイナンバーカード受診が伸びなやむ中、河野太郎デジタル大臣は2022年10月、総務省・厚労省など関係省庁と協議した結果として2024

年秋に保険証廃止を目指すと会見しました。「骨太の方針2022」で記した保険証の「原則廃止」（申請すれば保険証を交付する）ではなく、「廃止」とした上で24年秋と時期を明示したものです。マイナンバーカード取得・保険証登録、オンライン資格確認が広がらない事態に、保険証を廃止する強硬手段に訴え、データヘルス改革を強引に推し進めようとするものです。様々に批判を受けつつも、「紛失など例外的な事情によりマイナンバーカード不所持の場合の取扱い[19]」として、マイナンバーカードを持たない人への「保険診療」は極力狭める構えです。

　国民皆保険体制を採用し1億人以上が医療を受けている中、保険証を2年先に廃止するというのは暴挙といわざるを得ません。システム対応できない医療機関は閉院を強いられます。マイナンバーカードを持たない主義・信条の人権侵害はもとより、医療機関では、マイナンバーカード紛失・更新切れなどへの対応上の負担に留まらず、システム障害時にはマイナンバーカードには保険資格情報の記載がないため、資格確認が全くできなくなります。「例外的な事情」には別途対応するとしていますが、高齢者はじめカード管理に困難を抱える人は相当数に及びます。これまで同様、保険証は全員に交付した上で、マイナンバーカード利用は任意とする運用の方がはるかに簡便かつ合理的です。

5　国民・住民を守るために必要なデジタル化とは

　データヘルス改革の最終的な狙いは、データ連携基盤を構築し国民の健康・医療情報を「成長戦略」に利活用するとともに、マイナンバーカード利用を梃子にマイナンバー制度を拡張し医療・社会保障を削減していくことにあります。データヘルス改革は一旦凍結して、マイナンバーカード利用とは切り離した上、我が国の医療提供の実情に応

19　デジタル庁、マイナンバーカードと健康保険証の一体化に関する検討会資料、2022年12月6日。

48

じた制度設計を検討すべきです。患者・国民の命を危険にさらす保険証の廃止は論外です。

　医療情報連携については、地域の医療情報連携ネットワークについて、立ち上げから安定的運用まで担保する財政的・人的・技術的支援を抜本的に拡充することこそが急務です。かりに全国共通の医療情報連携の仕組みを作るのであれば、医療機関の参加は任意とした上で、患者の「同意」の実効性を担保するとともに、必要最小限の情報を共有する抑制的な運用に留めるべきです。医療機関にサイバー攻撃が相次ぎ診療中止にまで追い込まれている現状からも、参加の義務付けは情報漏洩、診療中止などリスクを高めるだけです。医療機関のサイバーセキュリティ対策への公的支援こそ求められています。運用については、マイナンバーカード利用ではなく、保険証の情報などを活用した形に改めるべきです。

　デジタル化は省力化につながるとは限りません。医療情報連携については患者サービス向上のために行われており、医療現場の負担軽減にはさほど寄与していません。コロナ禍で余力が全くない医療現場の状況が浮き彫りになっており、医療現場へのマンパワーの抜本的増員が急務です。

　PHR は、お金がある人ほどデジタルデバイス利用が可能なことから、健康格差を拡大させる危険性があります。行政の公衆衛生上の責任を明確にしつつ、貧困・劣悪な雇用はじめ健康格差の社会的要因の解決を進めることが前提に置かれるべきです。PHR 利用に際しては、医師など医療専門職の介在が不可欠です。

　マイナンバーカード普及・利用に向けた医療のデジタル化・ICT 化ではなく、地域の医療現場、患者・国民に寄り添い、現場が望む ICT 施策を一歩一歩具体化していく堅実な政策こそが求められています。

II 「健康医療データプラットフォーム」の構築と自治体

神田敏史

1 はじめに―地域住民の健康づくりと健康医療データ

　2008年度の制度開始時に多くの国民やマスコミに「姥捨て山制度」と批判され、最近でも2022年10月からの窓口負担の2割負担導入問題が話題となった高齢者医療制度。2022年12月にまとめられた社会保障審議会医療保険部会報告では、75歳未満の「現役世代」の負担軽減に向け、後期高齢者の保険料負担を増やす方向が打ち出されています。

　後期高齢者医療制度は、こうした医療保険制度としての課題とあわせて、その成立ちが、旧老人保健法全面改正として行われている点から「地域住民の健康づくり」という視点で問題や課題をとらえていくことも重要です。

　旧老人保健法では、40歳以上の住民は、全て健康診査の対象とされ、市町村が実施主体となって「基本健康診査」（身体計測、血圧測定、検尿。血圧・検尿検査結果や肥満・喫煙習慣等に応じ心電図検査、眼底検査、貧血検査、ヘモグロビンA1C検査を選択的に実施。健診結果により循環器疾患、貧血、肝疾患、腎疾患及び糖尿病に関する「要指導」及び「要医療」の指導区分を分類）のほか、「子宮がん検診」「肺がん検診」「乳がん検診」「大腸がん検診」が行われてきました。

　後期高齢者医療制度では、このうち「基本健康診査」検査項目相当が「特定健康診査」として医療保険者（市町村国保をはじめ協会けんぽ、健康保険組合、自治体労働者が加入する市町村職員共済組合や地方公務員共済組合など）が実施することになり、その他のがん検診などは健康増

図表2-1　特定健康診査と基本健康診査の健診項目

		特定健康診査	老人保健事業における基本健康診査
診察	計測　質問（問診）	○	○
	身長	○	○
	体重	○	○
	肥満度・標準体重	○	○
	腹囲	○	
	理学的所見（身体診察）	○	○
	血圧	○	○
脂質	総コレステロール		○
	中性脂肪	○	○
	HDL－コレステロール	○	○
	LDL－コレステロール	○	
肝機能	AST（GOT）	○	○
	ALT（GTP）	○	○
	γ－GT（γ－GTP）	○	○
代謝系	空腹時血糖	■	○
	尿糖　半定量	○	○
	ヘモグロビンA1c	■	□
血液一般	ヘマクリット値	□	□
	血色素測定	□	□
	赤血球数	□	□
尿腎機能	尿蛋白　半定量	○	○
	潜血		○
	血清クレアチニン		○
心機能	12誘導心電図	□	□
眼底検査		□	□

○：必須項目
□：医師の判断に基づき選択的に実施する項目
■：いずれかの項目の実施でも可

（出所）「第3回特定健康診査・特定保健指導の在り方に関する検討会」参考資料 2016 年 2 月 2 日。厚生労働省 https://www.mhlw.go.jp/file/05-Shingikai-10901000-Kenkoukyoku-Soumuka/0000111258.pdf）

進法に基づいて、引き続き市町村が実施主体として行うことになりました。

　その結果、それまで旧老人保健法に基づき市町村が「基本健康診査」によって把握可能であった地域住民の健康課題等の情報の入手（収集）が、直接には困難になってしまいました。

　一方で、健保組合や共済組合の組合員本人窓口負担が2割から3割に引上げられた医療保険制度改革とあわせ2002年に成立した健康増進

法では、国及び地方公共団体において、健康増進に係る教育活動及び広報活動と知識の普及、情報収集、整理、分析及び提供並びに研究の推進等を図ることが努力義務として明記されました。そして多くの市町村では、国の補助金も受けながら「健康ニッポン21」の動きとも連動して「市町村健康増進計画」に基づく対策の具体化が「健康なまちづくり」事業として活発にすすめられることになります。

　そうした中で、市町村が地域の健康医療データの収集と分析、活用を行うため、医療保険者が保有する特定健康診査結果や診療報酬等の情報を収集蓄積するシステムが、後期高齢者医療制度の開始と同時に稼働することになります。その蓄積するシステムはNDB（National Datebase）で、「レセプト情報・特定健診等情報データベース」といわれます。

　マイナンバーカードの保険証利用（以下、マイナ保険証という）のメリットとして特定健診結果等情報や薬剤など診療報酬情報の閲覧による健康管理や適正な医療サービスの提供も、この情報収集蓄積システムの開始を契機に考えられてきたオンライン資格確認システムを利用して行われていますが、そもそもは、その情報収集は、市町村が主体で進める「地域住民の健康づくり」事業のために必要なものとして構築されたものです。

　しかし、NDBデータ等を活用分析して進める「地域住民の健康づくり」事業は、その担い手である保健所や保健センターの保健師や管理栄養士の不足、データ分析を行う人材の不足により一市町村ではなかなかできないという実態にあります。さらに、この間の新型コロナウイルス感染症陽性者に対する保健師による積極的疫学的調査（濃厚接触者追跡調査）や自宅療養者に対する療養指導（健康管理）は、さらにそうした市町村業務の遂行を困難にしています。

　本章では、「地域住民の健康づくり」事業のために誕生したNDBや、

それにあわせて国民健康保険制度で作られている KDB（国保データベースシステム）といった健康医療データベースプラットフォームについて考えていきます。

2　住民の健康医療情報はどう集積され、誰がどのように活用しているのか

⑴　医療保険者が個人情報を収集するしくみについて

　住民個人の医療機関での受診内容や健康診査結果は、個人情報の中でも最も個人特性を識別する（プロファイリングする）ことができる情報です。活用によっては、その個人に不当な差別や偏見等による社会的経済的に不利益となる取扱いをもたらす「要配慮個人情報」（個人情報の保護に関する法律（以下、個人情報保護法といいます）第2条第3項）とされています。

　そして、その情報保有者（医療機関、健診機関、医療保険者、市町村等）は、個人情報保護法第27条第2項によるオプトアウト規定（個人情報を第三者提供するにあたり、その個人情報の対象となる本人にその旨を伝えた上で反対の意思表示のない限り、第三者提供に同意したとみなす規定）によっても第三者への提供が認められておらず、基本的に個人情報保護法第27条第1項による場合（法令に基づく場合。人の生命、身体又は財産の保護のために必要がある場合で本人了解を得られない場合。学術研究機関等に提供する場合で、個人の権利利益を不当に侵害するおそれがない場合）を除き、第三者への提供はできないとされています。

　従って、「要配慮個人情報」に該当する情報は、医療機関や健診機関であっても、本人の同意なしに第三者には提供できず、医療保険者や市町村も入手することは困難となるところですが、実際には、そうした同意を経ることなく、情報を取得しています。

　どうしてそれが可能となるのか。個人情報保護法第27条第1項の法

令によるものと準じた取扱いとなりますが、医療保険制度を定めた健康保険法等や特定健康診査等を定めた高齢者の医療の確保に関する法律（以下、高確法といいます）と、その各法に基づく政省令、告示における、保険医療機関や健診機関が、自らの行った医療サービスや健診に対する対価を医療保険者に請求する際の請求方法を定めた規定をその根拠としています。

　保険医療機関は医療保険者への請求に際して、月単位で、省令等で定めた「診療報酬明細書」、保険薬局の場合は「調剤報酬明細書」を作成します。この明細書には受診者の「氏名」「生年月日」「傷病名」「診療開始日」「投薬」「注射」「処置」を記載することになっています。また、高確法による特定健康診断や労働安全衛生法（以下、労安法といいます）に基づく事業主健診の請求に際しても、それぞれ省令等で請求方法が定められおり「氏名」「生年月日」はもとより各健診項目の「身長」「体重」「腹囲」「血圧」のほか脂質・肝機能・代謝系の検査項目（以上は特定健康診査の場合）の結果が記載された報告様式を添えて医療保険者や市町村、事業主に請求が行われます。

(2)　個人情報の収集目的外となる健康医療情報の利用

　「診療報酬明細書」「調剤報酬明細書」「特定健診等検査結果」は、それぞれ医療サービスや健診にかかる費用請求を目的に医療保険者等が収集する個人情報です。

　個人情報保護法第17条では、個人情報を収集し、その情報を取扱う個人情報取扱事業者は、利用の目的をできる限り特定しなくはならず、利用目的を変更する場合には、変更前の利用目的と関連性を有すると合理的に認められる範囲を超えて行ってはならないとされています。

　つまり、費用請求という特定された利用目的は基本的には変更してはならず、利用目的で完結された個人情報を医療保険者等は、それ以外の目的のために利用（第三者提供を含む）してはならず、するとして

も、本人同意が必要となります。

しかし、この費用請求のために収集された情報が、NDB や KDB といった「地域住民の健康づくり」事業を目的とする健康医療データ（医療調剤情報や特定健康診査結果）として利用され、さらにマイナ保険証のメリットとする特定健康診査結果や調剤情報等の開示による「適正な」医療機関における診断や自己の健康管理の目的のための利用が開始されています。そして、オンライン資格確認システムとして、そのための情報収集と提供システムが確立され既に運用が開始されています。

こうした収集利用目的外の個人情報の利用が可能となるのは、個人情報保護法第 18 条第 3 項で、法令に基づく場合は、あらかじめ本人の同意を得ないで、特定された利用目的の達成に必要な範囲を超えて、個人情報を取扱うことが可能とされていることに根拠をおいています。

高確法第 16 条第 2 項では、政府や都道府県の医療費適正化計画の作成や、計画の実施とその評価に活用する調査及び分析のため、医療保険者等に厚生労働大臣に対し医療保険等関連情報を提供することを義務付けており、その提供方法については厚生労働省令で定める方法で行うとしています。

つまり、国民皆保険制度のもとでは、全ての国民の健康医療データが政府のもとに集約される仕組みが後期高齢者医療制度の誕生とともにつくられていることになります。

(3) 医療保険者から健康医療データが NDB や KDB に提供されるしくみ

医療保険者が保有する診療（調剤）報酬情報の費用請求にかかる情報は、その内容の審査を経て確定した情報として保有されることになりますが、NDB や KDB への提供にあたっては医療保険者が直接行うのではなく、審査を委託した機関を通じて行われています。

協会けんぽや共済組合の場合は社会保険診療報酬基金（以下、支払

基金といいます）が、国民健康保険や後期高齢者医療制度の場合は国民健康保険団体連合会（以下、国保連といいます）が、健康保険法や国民健康保険法、高確法に基づいて審査を委託することできる機関とされており、保険医療機関の請求もこの審査機関に対して行われます。

　また、特定健康診査結果については、健診機関あるいは労安法情報の場合は事業主から医療保険者に提供されることになりますが、その情報について医療保険者は審査機関に提供することとなっており、これも診療（調剤）報酬情報と同様に、審査機関を通じて NDB や KDB に情報が提供されます。

　なお、国民健康保険制度の特定健康診査については、多くの市町村等で国民健康保険団体連合会に審査支払委託をしており、市町村等から提供される情報とあわせて直接特定健康診査結果が集約されています。なお、NDB への提供は社会保険診療報酬基金を通じて行われます。

　これらの情報提供は全て電子化された情報として行われるため、それぞれの情報は電子化されている必要があります。

　マイナ保険証の導入とあわせて政省令の改正が行われ、診療（調剤）報酬請求は電子化された情報によりオンラインで審査機関に行うことが保険医療機関、保険調剤薬局に義務づけられ、その徹底が進められています。移行期間の措置として、特例的にオンラインによらず磁気媒体ないし紙による請求も認められています。磁気媒体請求は審査機関システムへの対応が可能ですが、紙の場合、審査機関は紙情報をもとに審査を行うことから、その情報については NBD へ提供されない場合があります。

　また、特定健康診査結果については、高確法及びその政省令によって健診機関は電子化された情報を医療保険者に情報提供し請求することとなっており、旧老人保健法で市町村に紙で結果情報を提供してきた健診機関は、電子化する手間が新たに生じることになりました。

56

図表2-2　NDBの情報収集経路と匿名化処理

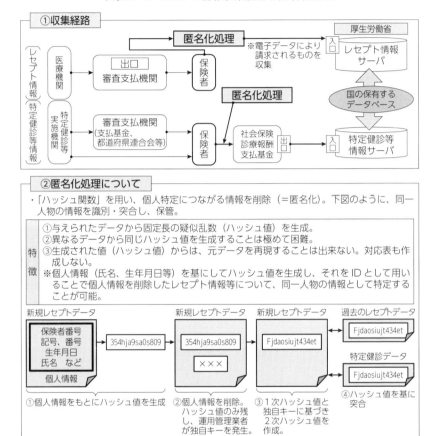

（出所）「第5回医療・介護データ等の解析基盤に関する有識者会議」2018年7月12日資料。厚生労働省
　　　（https://www.mhlw.go.jp/content/12401000/000332845.pdf）

(4)　NDBとKDBについて

①　NDB（ナショナルデータベース）について

　審査機関である支払基金や国保連から厚生労働省の所管するNDBに提供された個人情報は、高確法第16条第1項に基づき、基本的に医療費適正化計画の策定等にかかわる情報として都道府県等に情報提供

が行われます。

　医療費適正化計画は後期高齢者医療制度が開始された 2008 年度を第 1 期とし、第 3 期の 2018 年度から 5 年計画から 6 年計画と変更され、第 4 期は 2024 年度から 2029 年度の計画となります。全世代型社会保障制度改革や税と社会保障制度の一体改革等を踏まえ、データを活用した既存計画の評価と新たな数値目標の設定などが行われることになりますが、その作成のための情報が NDB 情報として提供されることになります。

　市町村における健康増進計画にも、その情報は活用されることになります。NDB の情報は、市町村が国民健康保険制度を通じて情報収集することが可能な地域住民の 3 割弱程度の国民健康保険加入者の情報に留まらず、その地域に居住する協会けんぽや健保組合、共済組合の加入者の情報も含まれるため地域住民の健康状況を把握するためには有効な情報となります。

　NDB の設置目的からすると、本来の利用はその段階に留まるところですが、NDB が健康医療ナショナルデータベースのプラットフォーム（データを「集める」「貯める」「分析用に加工する」「可視化する」ステップを一貫して行う環境）の構築に活用できる性格をもつことから、高確法第 16 条の 2 では、国民保健の向上に資するため、匿名医療保険等関連情報（特定の被保険者等本人を識別すること及びその作成に用いる医療保険等関連情報を復元することができないようにする加工を行った医療保険等関連情報）を利用することを可能としました。

　そして「国民保健の向上」の視点に沿って利用し、プラットフォームを構築することが可能な利用団体等と利用範囲を次のとおり規定したところです。

　ア　国の他の行政機関及び地方公共団体

　　適正な保健医療サービスの提供に資する施策の企画及び立案に関

する調査

イ　大学その他の研究機関

　疾病の原因並びに疾病の予防、診断及び治療の方法に関する研究
その他の公衆衛生の向上及び増進に関する研究

ウ　民間事業者その他の厚生労働省令で定める者

　医療分野の研究開発に資する分析その他の厚生労働省令で定める
業務（特定の商品又は役務の広告又は宣伝に利用するために行うものを
除く）

　また、高確法改正とあわせて行われた介護保険法及び健康保険法の
改正によって、医療保険レセプト情報等のデータベース（NDB）と介
護保険レセプト情報等のデータベース（介護DB）の連結解析が可能と
なりましたが、その公益目的での利用を促進するために、研究機関等
への提供に関する規定の整備（審議会による事前審査、情報管理義務、国
による検査等）が行われ、プラットフォームとして構築が円滑に進むよ
うに、NDBでは集積されていない介護保険情報とも連携できる形態で
の情報提供を行うこともあわせて規定が設けられました。

　②　KDB（国保データベース）について

　医療費適正化計画やNDBを定めた高確法第16条の規定に続く17
条では、第16条で定める調査及び分析並びに利用又は提供に係る事務
の全部又は一部を支払基金や国保連に委託することができるとされて
います。

　こうした中、市町村が都道府県とともに運営する国民健康保険制度
では、NDBに準じたKDBシステムによって、対象は国民健康保険制
度の加入者に限定されますが「地域住民の健康づくり」や地方自治体
の作成する医療費適正化計画、健康増進計画に利用できるプラットフ
ォームの構築が行われています。

　このKDBシステムは、国保連の全国組織である国民健康保険中央会

（以下、国保中央会といいます）が国保連及び国保連を構成する市町村や国民健康保険組合の意見等を踏まえて開発され、NDB と同様に 2008 年度から稼働しています。そして、NDB のもつ特定健康診査情報や診療（調剤）報酬に加え、国保連の有する介護保険制度に関する情報等も蓄積されるとともに、情報活用に向けた分析システムも備えています。

　この KDB システムによる提供情報は、NDB と同様に暗号化され個人が匿名できない情報になっておりプラットフォームも統計的な分析処理が中心となりますが、国保中央会で情報集約が行われていることから全国的に見て「同規模や年齢構成が類似した市町村」との比較が可能となっており、市町村の健康課題等を明らかにし、「地域住民の健康づくり」事業に利用できるものとなっています。

　地方自治体の策定する医療費適正化計画等とあわせ、医療保険者には「特定健診等実施計画」や「データヘルス計画」を作成することとされていますが、国民健康保険の保険者である市町村では、この KDB システムを活用して計画策定も行われています。

　この KDB システムは、こうした統計処理だけではなく、本人を特定し保健指導が可能となる情報を提供するシステムとなっており、NDB と異なる性格を有しています。基本的な提供分析情報は NDB と同様に基本的に暗号化された匿名情報ですが、KDB では、市町村や国民健康保険組合の判断により、暗号化を復元させ本人特定を行うことが可能です。

　もともと医療保険者である市町村や国民健康保険組合は、特定健診査結果や診療（調剤）報酬を請求情報として保有しており、その内容は本人が特定できるものであることから、暗号化を復元させたとしても問題にはなりませんが、その情報を保健指導に活用するとなると個人情報保護法や市町村における個人情報保護条例に抵触していないか確認していく必要が生じます。

60

図表 2 - 3　KDB システム

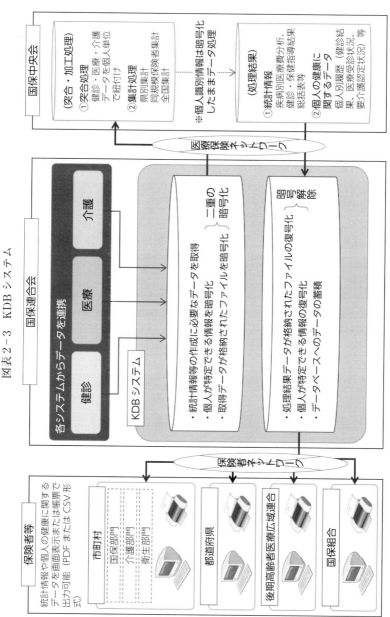

（出所）国民健康保険中央会 KDB 等活用部会報告書 2018 年 8 月 30 日（https://www.kokuho.or.jp/hoken/kdb.html）

　市町村や国民健康保険組合では、KDB システムからの分析情報に基づき、特定健康診査の受診勧奨や糖尿病腎症等の重症化予防のための受診勧奨などの保健指導を行っていますが、勧奨される加入者にとって見ると「どうして市町村は個人情報を知りえたのか」という疑問が生じることになります。

　そうした疑問が生じないように、あらかじめ情報活用について加入者に了解を得ることや、市町村の個人情報保護審査会の確認を得るなど個人情報保護法や個人情報保護条例に沿った対応をするほか、統計処理的に幅広く勧奨を行うなどの対応をすることが求められています。

3　NDB データのオープン利用と健康医療データプラットフォーム

(1)　NDB データのオープン利用におけるガイドラインについて

　高確法第 16 条の 2 に基づく NDB データのオープン利用とそれに基づく健康医療データのプラットフォーム構築については、個人情報保護の関係から、厚生労働省の「レセプト情報等の提供に関する有識者会議」でデータ利用に向けた「レセプト情報・特定健診等情報の提供に関するガイドライン」の整備が行われ、2012 年 4 月からは NDB オープンデータの提供が本格的に実施されることになりました。

　さらに 2022 年 10 月施行の高確法改正により民間企業に対しても NDB データの提供が可能となり、これに併せて「レセプト情報・特定健診等情報の提供に関するガイドライン」については、「匿名レセプト情報・匿名特定健診等情報の提供に関するガイドライン」と名称を変更し、「匿名レセプト情報等の利用に際し講じなければならない安全管理措置」として「組織的安全管理措置」「人的安全管理措置」「物理的安全管理措置」「技術的安全管理措置」「情報及び情報機器の持ち出し」の 5 項目が明記されることになりました。

　これらは、いずれも NDB 情報提供による本人特定により不利益を受

けないための措置です。また、これにあわせて、改正高確法では、第16条の3において照合等の禁止として、匿名医療保険等関連情報の提供を受け利用する者は、削除された本人識別情報若しくは情報作成に用いられた加工方法に関する情報を取得し又は他の情報と照合してはならないとするとともに、同法第16条の4では提供を受けた情報の消去、同法第16条の5では情報漏えいや滅失又は毀損の防止等に関する安全管理などを定めています。

しかし、こうしたガイドラインや法規定は、NBD の情報提供によって本人特定が可能であることを認めたものとも見ることができ、NBDデータを利用したプラットフォーム等の作成については、注視していく必要があります。

(2) NDB の民間活用について

2014 年に開催された「第 18 回レセプト情報等の提供に関する有識者会議」では、「NBD の民間利活用への期待」と題して、参考人参加した三菱総合研究所人間・生活研究本部主席研究員である園田輝夫氏が報告しています（以下、厚生労働省 HP 掲載の報告資料から）。

この内容を見ると、多くの産業が NDB の活用によって新たな商品開発や市場開拓、販売戦略の構築を進めていくことが可能となります。

これら各種産業における活用は、医療サービス向上や住民の健康づくり、生活水準の向上につながるものであり一概には否定できるものではありませんが、産業にとって需要の見込めない生活困窮者や少数事例、あるいは利益につながらない者は除外される商品開発が進む可能性もあるわけで、そこに対する規制をかけていくことが求められています。

(3) 健康・医療研究開発データ統合利活用プラットフォーム事業

こうした中、経済産業省は 2022 年度予算において健康・医療研究開発データ統合利活用プラットフォーム事業を開始しました。具体的

図表2−4　NDB集計表情報から得られる民間利活用の想定事例

項	活用情報	活用概要	業種	想定される利用団体等
1	〈医薬品〉 薬剤データ集計表 傷病データ集計表	市場動向/需要推計 新薬イノベーション 市場動向/市場開拓 市場動向/顧客需要	医薬品メーカー データ 販売店	医薬品製造団体 製薬企業 医薬品販売団体 販売企業 全国の薬局、大手スーパー等
2	〈医療機器〉 傷病データ集計表 手術データ集計表 検査データ集計表 処置データ集計表 画像診断データ集計表 特定機材データ集計表	市場動向/需要推計 新医療機器イノベーション 市場動向/市場開拓 市場動向/顧客需要	医療機器メーカー データ 販売店	医療機器製造関連団体 医療機器製造企業 医療機器販売団体 販売企業 全国の薬局、百貨店、大手スーパー 福祉用具販売店等
3		健診データ分析による健康管理プログラムの開発 （地域、薬種、年齢、疾病別の全国比較）	健診産業	健康管理実施団体 人間ドック健診関連団体 健保組合等
4	〈健康情報〉 特定健診データ集計表	健康アセスメント開発による保険商品開発 （地域、薬種・薬態、職種、年齢別の健康評価指標）	生命保険	生命保険会社 損害保険会社等
5	傷病データ集計表 指導データ集計表	生活習慣病改善需要/市場開拓 高齢者機能維持リハビリ需要及び市場開拓	健康産業	スポーツ健康関連団体 フィットネス関連企業等
6	検査データ集計表 理学療法データ集計表	生活習慣病需要/市場開拓 高齢者給食需要及び市場開拓 医療給食需要及び市場開拓 （腎臓病、糖尿病等の需要把握と食品開発等）	食品産業	医療給食関連団体 食品製造企業等
7		高齢者住宅の開発 見守り機器、センサー、インターホン 生活習慣病健康診断トイレ	住宅産業	建設会社 住宅供給等

（出所）厚生労働省第18回レセプト情報等の提供に関する有識者会議、2014年1月9日（https://www.mhlw.go.jp/file/05-Shingikai-12401000-Hokenkyoku-Soumu ka/0000034222.pdf）

には、医療分野における産学の研究開発を推進することを目的に、既にあるデータ基盤と連携しつつ、AMED事業から生み出される研究開発データを、産業界を含めた第三者が利活用できるセキュリティの担保された基盤を構築するというもので、「データベース管理システム（検索システムなど）」「利用者に対する一元的な窓口（事務局機能）」「Visiting計算環境を含む解析システム」を整備して継続的に運営を行っていくというものです。

ここであげられているAMEDとは、2015年4月に設立された「国立研究開発法人日本医療研究開発機構」のことで、内閣総理大臣、文部科学人臣、厚生労働人臣及び経済産業大臣を主務大臣とする独立行政法人です。2013年の「日本再興戦略—JAPAN is BACK—」を受け医療分野の研究開発の司令塔機能をもつ機関として健康・医療戦略推進法に基づき設置されています。

ここでは、これまでもNBDデータを利用した研究開発事業、プラットフォームづくりが進められていますが、今後、民間企業を含めた多様な主体が円滑かつ安心・安全に利活用できるプラットフォームを用いて、研究開発を実施することのできる環境を構築し、医療・創薬等関連技術の向上と産業競争力の確保が図られていく（AMEDのHPから）ことになります。

既に、AMEDからの情報提供に加え、経営支援システム等により契約した病院や保険者からの情報を加えて医療情報分析提供を行う民間企業が診療データベース等を新たに構築。それによる病院経営支援が行われているほか、製薬会社、生命保険会社、損保会社など様々な分野への情報提供も活発に行われおり、健康医療産業に留まらず、幅広い民間企業での活用が開始されています。

⑷ 医療や介護サービス提供に関する施策や事業への活用について

民間企業でのデータ活用とあわせ、NDBデータは自治体における医

療サービスや介護サービスの提供に関する施策決定に使われています。

　具体的に自治体では、がんや糖尿病、難病対策や小児医療など自治体に政策的な対応が必要となっている課題について、特定情報（がん疾病、糖尿病腎症、小児医療、特定疾患）等に関する分析が行われ、それに基づき医療提供体制等の改善が進んでいる例が見られます。

　横浜市では「がん撲滅対策」のための施策を、医療従事者が納得できる客観的なデータとそれに基づいた政策立案によって進めるために、NDB から 2014 年 4 月～2016 年 3 月における市内の医療機関でがんの治療（薬物療法・手術療法・放射線療法）を受けた患者の情報提供を受け分析を行っています。この結果、「薬物療法を受けた患者は、手術や放射線治療を受けた患者より多く、がん治療での薬物療法の役割の大きさ」「外来化学療法を受けている患者の通院治療の負担」が明らかとなり、それを受けて「仕事と治療の両立支援」「薬物療法による脱毛などの外見の変化に対するアピアランスケアへの支援」等の施策展開を行っています。

　このほかにも、NDB と介護 DB を連携させたデータ分析により、脳梗塞のために急性期病院で入院治療を受けた患者の入院前後 6 ヵ月サービスの利用状況を把握することで、医療と介護連携強化について施策反映が行われるなど、診療報酬情報という結果情報という NDB データには限界がありつつも活用が図られています。

　なお、介護保険制度では、介護報酬情報による介護 DB とは別に2017 年度開始の VISIT（通所・訪問リハビリテーション事業所、リハビリテーションに係るデータ収集・分析システム）、2020 年度開始の CHASE（全ての介護サービスを対象に高齢者の状態やケアの内容等の情報を収集するシステム）を経て、2021 年度から LIFE として介護サービス利用者状態や介護施設・事業所で行っているケア計画・内容をインターネットにより収集し、その分析結果を施設等にフィードバックされる情報

システムが稼働をはじめています。

　介護保険情報の分析活用という点では、LIFE によりフィードバックされる分析結果の活用や、蓄積された情報に基づく施策効果検証と課題把握、それを踏まえた制度見直しが進むことが想定されるところです。蓄積された情報に基づく介護サービスの展開は、エビデンスをもった科学的介護サービスの提供につながるものですが、収集されたデータが、介護対象者の個別事情を全て網羅するものではないことも含め、分析を参考にしながらも実態に即して対策を検討する柔軟な活用方法を行っていくことが求められています。

4　問われる自治体の役割について

⑴　個人情報の保護の視点から

　健康医療情報データプラットフォームを構築するためのビッグデータである NDB も KDB も、そのデータ収集と活用において、本人特定が行われないように、システムにおいて匿名化処理が行われていますが、情報の紐付け合体や、削除情報の復元処理等により本人特定・本人識別情報にならないという保証はどこにもありません。

　また、匿名化されていても蓄積情報の利活用目的によって新たな課題が生じることが考えられます。個々人が有する個別事情は、統計処理された分析結果では必ずしも反映されないことから、データの活用により個別事情への配慮なしに施策や事業が展開されると個別事情をもった者が排除される危険性があります。さらに営利目的での利活用となると、利益の対象とならない事例少数の者や生活困窮者が排除される商品開発等が進む可能性があります。

　地方自治体である県や市町村が収集した情報の集積や利活用、第三者提供においては、本人特定・本人識別情報とならないか、情報処理の仕方も含め、個人情報保護法や個人情報保護条例に基づく対応策を

講じておく必要があります。

　KDB では、請求情報として収集した診療（調剤）情報や特定健康診査情報を個人識別情報として分析結果等を入手し保健事業にあてることとなりますが、これについても個人情報保護の視点から法令に即した対応が望まれます。

　個人情報保護法第 27 条第 1 項の規定では、法令に規定されている場合は「要配慮個人情報」でも第三者への情報提供が可能とされていますが、本人の了解が原則であることを踏まえ、第三者に情報提供が行われることを事前あるいは事後に伝える必要があろうかと思います。

　いま、総務省の強力な指導のもとで、マイナンバーカード取得率向上のため、各自治体は保険証廃止とマイナ保険証取得を強力に進めています。その際に、厚生労働省と総務省が共同で作成したリーフレットを使いながら、メリットとしてマイナポータルによる「特定健康診査結果」や「調剤報酬情報」の閲覧提供によって、適正な受診行動や健康づくりに向けた行動変容の機会が得られるとともに、保険医療機関も、より良質な医療が提供できると説明されています。

　しかし、マイナ保険証を取得する多くの住民は、そうしたメリットではなくマイナポイント取得を望んでいるのであって、むしろ個人情報の取扱い上において危険があると考えている者は多いかと思います。

　マイナ保険証による情報閲覧提供もそうですが、第三者への個人情報提供の本人了解がスマホの「ワンクリック」で簡単に行われ、後になって問題となる事例も数多く出されています。地域住民に不利益が生じる可能性のある「要配慮個人情報」の第三者提供は、可能な限り行わないことが望まれます。

⑵　情報収集結果の利用目的を踏まえた制度設計を

　NDB にしても KDB にしても、その情報収集の目的は最終的には「地域住民の健康づくり」であり、そのための施策や計画策定、体制構

築、保健指導や保健事業の充実にあります。そして、その目的に沿って必要な最小限の情報を収集し、蓄積された情報の分析手法やプラットフォームも、その目的に沿って構築されなければなりません。

KDB はそうした点で、収集された情報を踏まえ、活用目的に沿って分析手法やプラットフォームの構築がなされていますが、NDB は必ずしもそうはなっていない状況にあります。

2023 年度には、各都道府県において第 4 期医療費適正化計画の策定が行われます。その計画策定に際しては、居住する県民の健康状況と背景にある生活や労働環境の実態、健康状態の改善を図るための医療・保健サービス等の提供状況など、健康医療をめぐる情報の分析が必要になりますが、NDB から提供される情報はかならずしも十分なものとはいえません。

一方で、NDB は民間企業へのデータ提供を積極的に推進する動きを強めており、通商産業省も健康医療産業の活性化のために積極的に情報活用を促しています。

「地域住民の健康づくり」という目的に沿った収集と活用を可能にするためのシステム設計は、その情報を保有し活用する者が積極的に参加し、声をあげていくこと抜きにはできません。個人の統制や市場開発ための行動分析を最大の収集目的としている政府や研究者、大企業に委ねていては、その「地域住民の健康づくり」という目的に沿ったシステム設計、プラットホームの構築はできないと思われます。

(3) **自治体が保有する個人情報が自治体以外の機関に提供されることについて**

マイナ保険証利用によって提供される「特定健康診査結果情報」「調剤報酬情報」「診療報酬情報」と、NDB 情報は必ずしも一致するものではありません。これは、NDB は診療報酬支払基金や国保連審査を経て保険者が保有する請求情報を蓄積しますが、マイナ保険証利用で提供される情報は審査機関での審査前の保健医療機関等からの請求時に

おける情報となるからです。ただマイナ保険証利用提供情報は限定的なものとなるため、その違いが問題とはならないと思われます。

そうした中で、問題となるのは(1)でも触れましたが、国民健康保険制度を運営し、診療報酬等の請求を受けている市町村、そしてその市町村と一体的になって国民健康保険事業を運営している都道府県が、マイナ保険証での情報提供や健康医療情報データプラットフォームで活用される個人情報の提供者となっていることがあまり認識されていないことです。あるいは認識していても、加入者に説明責任を負う課題であるとの課題意識を持っていないと思われます。

収集目的である「地域住民の健康づくり」は大切なことですが、そのためにどのように収集し、どのように活用するのか。住民に分かる形で説明する責任を地方自治体はもっていると思います。

5　オンライン資格確認システムとマイナ保険証による 「医療を受ける権利」の侵害について

最後に、マイナ保険証の普及による保険証の2024年秋の全面廃止問題について、地方自治体の視点から課題を整理しておきたいと思います。

マイナ保険証の前提となっている、オンライン資格確認制度は、マイナ保険証利用とあわせ、NDB情報の民間企業へ提供や介護DBのNDBとの一定的な提供を可能にした、医療保険制度の適正かつ効率的な運営を図るための健康保険法等の一部を改正する法律（令和元年法律第9号）と法律に基づく政省令（改正）によって、2020年10月から開始され、2022年10月からシステムが本格稼働しました（21頁の**図表1-1**参照）。

このシステムは保険医療機関等で療養の給付等を受ける場合の被保険者資格の確認について、個人番号カードによるオンライン資格確認

を行うというもので、これによって保険者等の資格相違による過誤請求が防止されるとともに、オンライン資格確認と紐づいた「特定健診結果情報」「調剤報酬情報」等の閲覧提供が可能となるものです。

しかし本格稼働したといっても、実際は、被保険者資格の取得・喪失の情報連携が全てにおいて正確かつ迅速には行われていません。国民健康保険では「保険証交付日」が「資格適用日」となるなどのシステム上の課題が解消されず、多数のエラーが発生しています。

さらに市町村で実施している小児や母子、障がい者への医療費助成等はオンライン資格確認では対応しておらず、マイナ保険証とあわせて受給者証等の提示と被保険者番号との照合が必要となるなどの課題もあります。

そうした中、マイナ保険証実施に伴う保険証の廃止は、個人情報の第三者取得を危惧しマイナンバーカードを取得しない者、事情があって取得できていない高齢者や障がい者、現在、オンライン資格確認で対応できる公的医療保険の保険証を所持していない生活保護受給者、保険料負担ができず公的医療保険に未加入の者（無保険者）等が、保険医療機関で保険給付を受けられなくなる可能性があります。

いま、厚生労働省は、マイナ保険証よる現在の保険証廃止に伴う課題の整理を行っていますが、システム上の課題解決にむけた対応策も含め、具体策を十分に示しきれておらず、このままでは、国民・被保険者、保険医療機関、医療保険者に対し、新たな事務負担や混乱を生じさせることは明らかです。

国民皆保険制度のもとで、全ての地域住民に医療を受ける権利を保障することが、国民健康保険制度の運営主体でもある市町村と都道府県の役割です。そうした点で、マイナ保険証実施に伴う保険証廃止について、地方自治体として反対の声をあげていくことが求められています。

Ⅲ　全世代型社会保障構築政策と地域医療

寺尾正之

1　自民党と経団連がめざす医療 DX の特徴

⑴　「健康の自己責任」を土台にした自民党の医療 DX

　自由民主党政務調査会は 2022 年 5 月 17 日、「医療 DX 令和ビジョン 2030」（以下、医療 DX ビジョンという）提言を公表しました。

　医療 DX ビジョンの特徴は、「国民自身が自らの健康づくりや健康管理に主体的に関与できるような環境を整備する」ことを医療 DX の基本方針としていることです。国民一人ひとりが医療情報にアクセスできるシステムの整備を行う一方で、国民には自身のデータに基づいて健康の自己管理を行うよう求めています。

　医療 DX ビジョンの土台となっているのが、社会保障制度改革プログラム法（「持続可能な社会保障制度の確立を図るための改革の推進に関する法律」2013 年 12 月 5 日に成立、以下、プログラム法という）です。プログラム法には、①「政府は、住民相互の助け合いの重要性を認識し、自助・自立のための環境整備等の推進を図る」（第 2 条 2 項）とともに、②「個人の健康管理、疾病の予防等の自助努力が喚起される仕組みの検討を行い、個人の主体的な健康の維持増進への取組を奨励する」（第 4 条 2 項）ことが盛り込まれました。

　現役時代から自らの健康状態を把握し、主体的に健康維持や疾病・介護予防に取り組み、生涯現役であり続けることを目指すという考え方です。このプログラム法に規定された内容を医療 DX ビジョンとして提言し、健康の自己管理への環境整備と自助努力が喚起される仕組みをつくることが狙いです。

　「健康の自己責任」論の考え方に沿って、国民全体の健康増進や医療

の向上を図るのではなく、国民に対して自己責任と行動変容を強要し、医療・社会保障の給付抑制を進めようとするものです。しかし、新型コロナウイルス感染症対応をはじめ、疾病は誰もがかかる可能性があります。自助努力や自己責任、家族や地域コミュニティの助け合いで解決できる問題ではありません。だからこそ、医療保険制度など社会保障の政策と制度がつくられてきたのです。疾病予防や健康管理を、自助や助け合いに任せようとする政策の展開は、国や地方自治体の公的責任を曖昧にすることになります。

⑵ 「全国医療情報プラットフォーム」とその狙い

医療DXビジョンは、具体的な施策として、①「全国医療情報プラットフォーム」の創設、②電子カルテ情報の標準化、③「診療報酬改定DX」を提言しています。

「全国医療情報プラットフォーム」（38頁の図1-5参照）については、「医療（介護を含む）全般にわたる情報について共有・交換できる全国的なプラットフォーム」と位置づけています。医療情報の共有・交換については、「マイナポータル経由で本人が閲覧する場合と、医療機関間で共有する場合がある。このプラットフォームにはガバメントクラウドを活用する」としています。この全国医療情報プラットフォームの基盤となるのが、マイナポータルとガバメントクラウドです。

⑶ マイナポータルの機能と狙い

マイナポータルとは、2017年に開設された政府が運営するウェブサイトです。国民が利用することができるオンラインサービスで、電子申請などの行政手続きを行うことや、行政機関等が保有している自身の個人情報を確認し、第三者に提供することができます。

デジタル庁は、このマイナポータルにおおむね全ての国民がつながることを目指していますが、マイナポータルの利用者登録にはマイナンバーカードと、数字4桁の「利用者証明用電子証明書パスワード」

が必須となります。マイナンバーカードを取得していない人は、自身の健康・医療情報であっても閲覧できない仕組みになっています。

　デジタル庁が定めたマイナポータルの利用規約には、①利用者は自己の責任と判断に基づき利用して、デジタル庁に対しいかなる責任も負担させない、②アカウント登録や健康保険証利用登録をする場合、利用者情報を総理大臣に対し開示できることに「同意」したものとみなす―ことが明記されていました。つまり、マイナポータルでマイナンバーカードの健康保険証利用の登録手続きを行うと、自動的に個人の医療情報等を総理大臣に提供することになってしまうのです。ただし、この利用規約は2023年1月4日に改定され、改定後の規約には、前述の①については、「利用者は、自らの責任によりマイナポータルを利用」し、「情報及びアカウントを適切に管理する」（第3条）とされ、「利用者本人又は第三者が被った損害について、デジタル庁の故意又は重過失によるものである場合を除き、デジタル庁は責任を負わないものとします」（第24条）と記載されています。また、②についての記載は削除されています。

　マイナポータルには、マイナンバーとひも付いている税務情報・年金情報・健康保険情報・世帯情報などの非常に重要な情報が管理されているため、万が一これらが流失してしまった場合の被害は甚大となります。マイナンバーカードの健康保険証利用など、幅広い分野でのマイナンバーカードの利用が想定されているため、さらにリスクが高まる恐れがあります。

　マイナポータルを利用したデータ提供は、予防接種歴、乳幼児健診・妊婦健診情報、特定健診情報、薬剤情報に加え、学校健診・自治体検診情報、手術・医学管理情報、処方箋情報などについて、電子化・標準化された形での情報連携を開始する予定です。

　さらに、電子カルテ（検査結果情報・アレルギー情報・画像情報など）

や介護情報についても、2024年度からマイナポータルでの閲覧を可能とする計画です。

医療DXの柱の一つとされているパーソナルヘルスレコード（Personal Health Record、以下PHRという）は、「個人起点」の健康管理を行うために不可欠な基盤と位置付けられています。

マイナンバー法において「利用制限」などは課されていないマイナポータル上で、自身の健康診断や治療・処方履歴、電子カルテを含む健康・医療情報を閲覧・管理することができます。

さらに、マイナポータル上のこうした健康・医療情報を、「本人同意」に基づいて民間PHR事業者のヘルスケアサービスに提供することで、自分にあった助言をヘルスケアサービスから受けることが可能となります。

マイナンバーでひも付けられた健康・医療情報をAIがプロファイリングし、健康リスクを細かく予測して、健康リスクの低減に向けた「お知らせ」をマイナポータルに表示し、行動変容を促すなどのサービスが想定されます。「健康の自己責任」論の立場から利用されるならば、慢性疾患や障害がある人を中心に差別や排除を引き起こす恐れがあります。

⑷　ガバメントクラウドの仕組みと狙い

ガバメントクラウド（Gov-Cloud）とは、デジタル庁が整備・監理する政府の情報システムにおける共通基盤・機能を提供するクラウドサービス利用の仕組みです。政府は2025年度末の実施に向けて準備を進めています。

国や地方自治体が事務処理に使う「情報システムの共同化・集約化」を行い、分散している各府省庁や自治体の情報システムを統一・標準化し、分野横断的なデータ基盤の構築へつなげるとしています。

ガバメントクラウドは、医療・介護・教育などの準公共部門の情報

システムについても対象としており、主な業務内容の情報システムを原則、国の情報システムにあわせていくことになります。このガバメントクラウドのベンター公募では、2022年度はアマゾン、グーグルに加え、マイクロソフト、オラクルが採用され、前年度に続き国産ベンダーの採用はありませんでした。

　一方で、個人情報保護を弱体化する制度改定が行われています。民間、国、独立行政法人の3つに分かれている個人情報保護法を一本化し、個人情報の収集・保護に関する自治体の法的規制や制限を緩和し、国の行政機関と画一化する方針です（2023年4月から地方自治体で改定条例が施行される予定）。

　これまで少なくない地方自治体で、年収、病歴、犯歴などの要配慮個人情報の収集禁止を原則にしていますが、国の法律に一元化されることで、個人情報保護に関する内容が後退する恐れがあります。企業による個人情報の利活用を大規模かつ効果的に推進する狙いです。

⑸　電子カルテ情報の標準化の狙い

　全国医療情報プラットフォームにおいて、個人の医療情報を利活用するキーとなるのが電子カルテ情報です。マイナンバーカードの健康保険証利用によって共有するレセプト（ひと月の診療にかかった費用をまとめたもの）データや特定健診などの医療情報ではありません。電子カルテ情報は、個人情報保護法で要配慮個人情報とされ、利用目的の区別にかかわらず、本人の同意を得ないで取得することや、利用目的の変更は認められていません。

　自民党政務調査会の医療DXビジョンでは、「電子カルテそのものの標準化を強力に推進する」ことを掲げています。

　電子カルテの普及率は、2020年時点で一般病院57.2％、診療所49.9％ですが、2026年度までに医療機関の80％、2030年度までに100％とすることを目指しています。

　現在、厚生労働省は、電子カルテ情報の標準化に取り組んでいます。標準化によって、情報の表記の仕方やデータの出力形式が統一されることや、標準コードを付けることにより、異なるシステム間においてデータの互換性が確保されることを目指しています。

　厚生労働省は、医療情報交換のための国際標準規格である HL7FHIR（Fast Healthcare Interoperability Resource）を活用し、標準コードや交換手順を定めるとしており、まず以下の電子カルテ情報から進め、段階的に拡張する予定です。

　電子カルテの医療情報では、▽傷病名▽アレルギー情報▽感染症情報▽薬剤禁忌情報▽救急時に有用な検査情報▽生活習慣病関連の検査情報の6情報を医療機関間で共有できるようにします。文書情報については、▽診療情報提供書▽キー画像等を含む退院時サマリー▽健診結果報告書の3文書を対象としています。

　電子カルテ情報の標準化によって、個人の病歴などの医療情報が医療機関間で共有・交換されるだけでなく、政府が一元管理するガバメントクラウドにおいても、国民のカルテ情報が共有されることになります。全国の医療機関がカルテ情報を登録する「電子カルテ情報交換サービス」（仮称）を構築し、2025年以降に運用を開始する予定です。

　また、診療報酬改定DXについては、電子カルテと連携する「共通算定モジュール」プログラムを開発する対応案を示しています。現行の診療報酬改定は厚生労働大臣告示の文章に基づいていますが、初診や投薬など行った医療行為を入力すると、全国一律に算定点数や患者負担をアウトプットとして返す共通算定モジュールを開発し、医療機関等に提供するとしています。地域別、診療科別などの医療費データが集積・共有化されることになり、医療費抑制策として利用される懸念があります。

⑹　新たな産業基盤としての医療DX

　日本経済団体連合会（以下、経団連という）は 2022 年 4 月 12 日、「Society 5.0 の扉を開く―デジタル臨時行政調査会に対する提言」を公表しました。提言は「日本のデジタルトランスフォーメーションの遅れに歯止めがかからない」と指摘し、「世界最先端の IT 国家を目指しながら頓挫した過去 20 年余の失敗を繰り返す余裕は、今の日本には残されていない」と危機感を募らせています。その上で、「今後 3 年間の集中改革期間において、日本の経済社会全体の仕組みを根本的に変革し、デジタルベースへの転換を完遂する」ことを宣言しています。

　国民の膨大な個人情報、個人データは、企業にとって利益を生み出す重要な「資源」にほかならないとして、新たな成長の原動力として医療 DX を柱に据えています。産業構造を大きく変えて国際競争力を強化し、経済社会の再構築を図るという戦略を描いています。

　具体的には、個人データを企業が利活用できるような形で提供する「データ連携基盤」を構築するため、「産学官」が一体となって集中投資を行うことを求めています。例として挙げているのは、個人の胎児期から亡くなるまでの健康状態、学校・社会教育における学習履歴などの個人情報をデータ化し、企業や行政が持っているそれ以外の個人データとひも付けて、データ共通基盤に集積することです。AI（人工知能）は集積されたデータ量が増えれば増えるほど正確性が増します。膨大な個人データを、企業や行政が AI を使って自動的に分析、評価・差別・選別（プロファイリング）した上で、企業がビッグデータとして利活用することを主張しています。

　経団連の提言は、基本的考え方として、以下の 2 点を示しています。

　第一に、デジタル 5 原則に合致しない法律や制度、規制を存続する場合は、すなわちデジタルを導入できない「例外」となる法律や制度、規制には、所管する省庁が責任を負って説明することを義務付けるこ

とです。デジタル5原則とは、デジタル庁の第2回デジタル臨調（2021年12月22日）において策定された、①デジタル完結・自動化原則、②アジャイルガバナンス原則、③官民連携原則、④相互運用性確保原則、⑤共通基盤利用原則です。

　第二に、マイナンバーを「データ連携の鍵である」として、マイナンバー法で定められている特定個人情報（本人の同意がなければマイナンバーを含む個人情報は第三者に提供してはならない）を撤廃することを求めています。

　健康・医療や教育、税、社会保障などの個人データの連携と活用が可能となるマイナンバー制度に改定することや、全国にある行政や民間が保有しているデータベースを把握し、整理することも課題に挙げています。

　こうした基本的考え方を踏まえ、この3年間で実現すべき具体的な改革として、行政が保有する膨大な公共データ、医療・教育分野などの準公共データを、民間企業などが活用可能な形で整備した上で、API連携（APIというデータを外部提供する窓口を作り、外部アプリと連携できる状態にする）によってデータを公開することを提言しています。

　医療に関するデータ利活用については、健康・医療分野のDXによって実現する社会の全体ビジョンを示す必要があるとして、特に、匿名加工情報や仮名加工情報の利活用が進むよう求めています。

　さらに、個人の生涯にわたる健康・医療情報について、個人情報保護法上の要配慮個人情報も含めて「情報銀行」が蓄積・活用できるようにするためには、電子カルテ情報の標準化とその普及が不可欠だとしています。情報銀行とは、▽提供先（企業や研究機関等）の条件▽提供するデータ（行動履歴や購買履歴等）の条件などを登録し、第三者提供への同意を委任しておくことで、本人が指示することなく企業へ個人情報を提供できる仕組みで、こうしたサービスをビジネスとして成

立させようとしています。

　また、マイナンバーカードの健康保険証利用を進め、個人がマイナ
ポータルで自身の健康・医療情報を取得するとともに、民間事業者の
PHR サービスを利用しやすいシステムに整備することを求めています。
前述の情報銀行や民間 PHR 事業者によるヘルスケアサービスの提供
を新たなビジネスにする狙いです（33 頁の**図 1 - 4** を参照）。

　すでに、製薬・医療機器をはじめ、健康アプリや生命保険等の PHR
サービス事業を展開する企業 15 社が集まり、2022 年 6 月 16 日に
「PHR サービス事業協会（仮称）」設立宣言を行い、2023 年度早期の設
立を目指しています。

　民間 PHR 事業者がヘルスケアサービスを提供する場合、利用者の
同意を得た上で、マイナポータルから行政機関等が保有する特定個人
情報を取得することができます。マイナポータルの「自己情報取得
API」という仕組みを利用するのですが、健康・医療情報は要配慮個
人情報のため情報を取得するたびに、本人からの同意を得ることが必
要となります。

　こうした個人情報保護のルールに対して経団連は、事前に本人から
の同意を得ている利用目的、開示範囲、開示先については、一定の期
間内は、民間 PHR 事業者がいつでも自由に本人の特定個人情報を行
政機関等から取得できるように変更することを求めています。

　健康・医療情報については、マイナンバーをキーとして国が一元的
に管理することが重要だとして、国がマイナンバーを用いて、国民一
人ひとりの健康・医療情報を一括して管理できる機能を持ったデータ
連携基盤として、「全国医療情報プラットフォーム」の構築が不可欠だ
としています。

　2022 年 11 月 2 日に開催された政府の経済財政諮問会議において十
倉雅和経団連会長ら民間議員は、「マイナンバーを通じた所得等情報、

世帯状況、口座情報の活用」など、「マイナンバー利活用を前提とした給付と負担の制度改革」を提言しました。

こうした提言の狙いには、個人ごとの給付と負担の情報を総合的に把握し、「社会保障個人会計」を導入することがあります。「社会保障の各制度から同じような趣旨で行われている給付を合理化する」「個人ごとに給付と負担を把握して、運営上、こうした重複給付をチェックし、効率的な給付を行おう」「社会保障受給額（特に年金給付）のうち本人以外が負担した社会保険料相当分と相続財産の間で調整を行なう仕組みも検討すべきである」（経団連、2004 年「社会保障制度等の一体的改革に向けて」）など、必要に応じて給付するという社会保障の原理を否定し、負担と給付の等価交換という市場原理に置き換えようとするものです。

マイナポータルは、「社会保障個人会計」のシステム基盤にも変容することが可能です。マイナポータルを通じた PHR の拡充は、社会保障個人会計の導入に向けた地ならしとなる懸念があります。

2　政府の全世代型社会保障構築政策

岸田文雄内閣は 2022 年 6 月 7 日、「経済財政運営と改革の基本方針2022」（以下、骨太の方針 2022 という）を閣議決定しました。社会保障については、「全世代型社会保障の構築」と「社会保障分野における経済・財政一体改革の強化・推進」の 2 つを柱に据えました。

「全世代型社会保障の構築」に向けて、「これまでの社会保障の構造を見直し、能力に応じて皆が支え合うことを基本」とし、「2040 年頃を視野に入れつつ」、「中長期的な改革事項を工程化」する方針を示しました。

「社会保障分野における経済・財政一体改革の強化・推進」については、「医療・介護費の適正化を進めるとともに、医療・介護分野でのDX を通じたサービスの効率化・質の向上を図る」としています。

(1)　**全世代型社会保障構築会議の報告書**

　骨太の方針 2022 を踏まえ、政府の全世代型社会保障構築会議は 2022年 12 月 16 日、報告書を公表しました。

　「全世代型社会保障の基本的考え方」として、①「経済社会の支え手となる労働力を確保する」、②「女性や高齢者の就労を最大限に促進」する、③「社会保障を皆で支える仕組みを構築」する、④「給付と負担のバランスを確保」することが盛り込まれました。

　高齢者雇用の拡大によって税・社会保険料を負担する対象を増やすとともに、現役世代と高齢者間の負担と給付の「不公平」を是正し、「自助」と「共助」の強化による社会保障制度を再構築する考えです。その一方で、政府の公的責任や大企業、富裕層の社会的責任を強める具体的方策は見当たりません。

　「全世代型社会保障の基本理念」には、「社会保障の DX（デジタルトランスフォーメーション）に積極的に取り組む」として、①デジタル技術に対応した「医療・介護サービ提供体制の改革」、②マイナンバーやマイナンバーカードと紐づいた公共機関や民間事業者が保有する社会保障関係などの「各種データの連携」と「本格的なデータ利活用」、③「自らの健康・医療情報を自分で管理・活用」することなどが盛り込まれました。

　社会保障 DX の基盤としているのはマイナンバー制度です。官民が保有している社会保障の各制度に関連するデータについて、マイナンバーやマイナンバーカードの IC チップに搭載されている利用者証明書の発行番号（シリアルナンバー）と紐づけて、データの連携と活用を推進する方針を示しました。マイナンバーやマイナンバーカードと紐付いているデータを AI で分析するなどして、合理的根拠（エビデンス）に基づいて、個別の社会保障政策を立案するという枠組みを構築するとしています。

　全世代型社会保障構築政策の根本には、国民の個人情報をマイナンバーカードと紐づけて収集・蓄積し、そのデータを AI が分析した結果に基づいて、政策を立案するということがあると思われます。

(2)　医療費の伸びを抑制する施策

　骨太の方針 2022 は、「医療費適正化計画の在り方の見直し」や「都道府県のガバナンスの強化など関連する医療保険制度等の改革」について、「骨太方針 2021 等に沿って着実に進める」方針を示しています。

　医療費適正化計画は、「健康の自己責任」と「受益者負担」の立場から具体化された「医療制度改革関連法」（2006 年 6 月、通常国会で成立）の中心的な法律である「高齢者の医療の確保に関する法律」（以下、高確法という）で規定されました。

　医療費の伸びを抑えるため、各都道府県に計画作成を義務付け、「全国標準の数値目標」を達成する対策を具体化、実施するものです。医療費適正化計画終了時の医療給付費の見通しをあらかじめ算出して、計画に明記することになります。また、医療費抑制の数値目標の設定、達成のための対策、実績の検証について、PDCA サイクル管理によって進めるとしています。第 1 期計画（2008〜12 年度）と第 2 期計画（2013〜17 年度）は 5 年間、第 3 期計画（2018〜23 年度）からは 6 年間の計画となっています。

　骨太の方針 2021 では、現行の医療費適正化計画は、▽「医療費の見込み」が保険料等の負担と連動しない、▽計画期間中の診療報酬改定や制度改革の影響が生じても更新されないため形骸化していると結論付け、2024 年度から開始する第 4 期医療費適正化計画の策定に向け、「医療費の見込み」と保険料等の負担とを連動させるなど、「着実に高確法の改正に反映させなければならない」としていました。

　財政制度等審議会が 2021 年 5 月 21 日に提出した「財政健全化に向けた建議」は、2005 年末以降の医療費抑制政策を「エビデンスに基づ

かない実効性を欠くものであった」と批判。経団連も「今後の医療・
介護制度改革に向けて」（2021 年 10 月 12 日）を公表し、第 4 期医療費
適正化計画に間に合うように、「制度改革を実行し、計画に反映すべ
き」だとして、「医療費そのものの伸びの抑制に優先的に取り組む」こ
とを主張しています。

　また、「都道府県のガバナンスの強化など関連する医療保険制度等の
改革」について、中長期的課題として、「現在広域連合による事務処
理が行われている後期高齢者医療制度」と「生活保護受給者の国保及
び後期高齢者医療制度への加入を含めた医療扶助」の在り方について
「検討を深める」としています。

　骨太の方針 2021 では、医療費適正化計画や地域医療構想の実施主体
の都道府県と、後期高齢者医療広域連合が切り離され、医療費「適正化」
の責任主体が曖昧となっていると指摘し、後期高齢者医療制度の実施
主体を都道府県とすることについて「検討を深める」としています。
国保と後期高齢者医療制度の運営主体を都道府県に一体化することで、
医療費抑制の施策を強化し、地方統制を強め、競わせる狙いです。

(3)　かかりつけ医機能の定義を法定化

　骨太の方針 2022 は、「全世代型社会保障の構築」として、「かかりつ
け医機能が発揮される制度整備を行う」こととあわせて、「地域医療連
携推進法人の有効活用や都道府県の責務の明確化に関し、必要な法制
上の措置を含め地域医療構想を推進する」方針を示しました。

　全世代型社会保障構築会議が公表した「議論の中間整理」（2022 年 5
月 17 日）には、地域医療構想について、第 8 次医療計画策定とあわせ
て、病院のみならず「かかりつけ医機能」や在宅医療等を対象に取り込
み、2040 年に向けたバージョンアップを図ることが盛り込まれました。

　厚生労働省は、病院・病床機能の再編縮小に加えて外来医療を焦点
にして、2040 年頃を想定した「新たな地域医療構想」を各都道府県が

2025 年度に策定し、2026 年度から稼働させる方針を示しています。

　かかりつけ医機能の制度に関しては、患者と医師の信頼関係を基礎にして、患者自身がかかりつけ医を決めることができ、必要な時に必要な医療にアクセスできるということが基本です。患者ごとにかかりつけ医が異なり、かかりつけ医機能は地域でさまざまな形で発揮されてきました。日本の医療制度は、どこでも自由に受診できる「フリーアクセス」が特徴です。医療費抑制のために、国民の受診の機会を制限しないということが患者視点からも重要です。

　この間、新型コロナウイルス感染拡大への対応として、政府が開業医等へのフリーアクセスを制限したにも関わらず、財政制度等審議会が 2022 年 5 月 25 日に提出した「歴史の転換点における財政運営」と題する建議（以下、建議という）は、コロナ禍で「我が国医療保険制度の金看板とされてきたフリーアクセスは、肝心な時に十分に機能しなかった可能性が高い」として、かかりつけ医の「制度的対応が不可欠」だと主張しています。

　全世代型社会保障構築会議の報告書は、かかりつけ医機能について、「オンライン資格確認も活用して患者の情報を一元的に把握し、日常的な医学管理や健康管理の相談を総合的・継続的に行う」ことが考えられるとして、医療機関、患者それぞれの手挙げ方式を提案しました。

　厚生労働省はこうした議論も踏まえて、社会保障審議会医療部会（2022 年 12 月 23 日）にかかりつけ医機能が発揮される制度案を示しました。報告制とされており、かかりつけ医機能の要件を満たす医療機関を第三者が認定し、希望する患者が事前に登録するという認定制や登録制は盛り込まれませんでした。

　制度案では、かかりつけ医機能について、現行の医療法施行規則に規定されている「身近な地域における日常的な医療の提供や健康管理に関する相談等を行う機能」という定義を医療法で法定化するとして

います。

　患者に対しては、そのニーズに応じて、かかりつけ医機能を持つ医療機関を選択して利用するとして、かかりつけ医を持つことを義務とはしませんでした。医療機関に対しては、「自ら担うかかりつけ医機能の内容を強化」することを促すとともに、複数の医療機関同士の連携や地域医療連携推進法人を活用する方策を示しました。

　制度案では、かかりつけ患者として想定しているのは、慢性疾患などで継続的に受診が必要と医師が判断した高齢者です。▽休日・夜間の対応▽入退院時の支援▽在宅医療の提供▽介護サービスとの連携など、複数のかかりつけ医機能を示しています。高齢者から徐々に制度を浸透させて、その内容や対象を拡充していく狙いです。

　また、医療機関と患者がかかりつけ関係を書面で確認することも盛り込まれました。「医師により継続的な医学管理が必要と判断される患者」を対象に、かかりつけ医機能として提供予定の医療内容を説明・確認するための書面を交付し、かかりつけ関係にあると確認できるようにします（図3−1を参照）。患者に渡す書面の具体的な内容や交付手続きは、引き続き検討するとしています。

　制度整備に向けて、新たに「かかりつけ医機能報告制度」を創設し、医療機関に対して、かかりつけ医機能の保有状況や機能を担う意向を都道府県に報告することを義務付けます。

　報告を受けた都道府県は報告内容を整備し、かかりつけ医機能を持つ医療機関を確認して、公表します。地域ごとにかかりつけ医機能のどこが不足しているかを分析し、不足する機能を強化するための方策を「地域の協議の場」で議論し、実施するとしています。

　2024年度から25年度をめどに医療機関による報告を開始、26年度に第8次医療計画の中間見直しでその内容を反映するスケジュールを想定しています。

図表 3-1　患者に対するかかりつけの関係の説明

・国民・患者はそのニーズに応じてかかりつけ医機能を有する医療機関を選択して利用。
・医療機関は地域のニーズや他の医療機関との役割分担・連携を踏まえつつ、自らが担うかかりつけ医機
　能の内容を強化。
　⇨医師により継続的な医学管理が必要と判断される患者に対して、患者が希望する場合に、医療機関が
　　書面交付などにより、かかりつけ医機能として提供する医療の内容を説明することとしてはどうか。

かかりつけ医機能を有する医療機関　　　　　　　　　　　　　　　患　者

継続的な医学管理が必要と判断

（書面交付）

かかりつけ医機能として提供
する医療の内容の説明

（出所）厚生労働省社会保障審議会医療部会（2022 年 12 月 5 日）提出資料（https://www.mhlw.go.jp/content
/12601000/001027814.pdf）

　地域医療連携推進法人については 2022 年 10 月 1 日現在、33 法人が
認定されていますが、参加可能な対象は医療法人・社会福祉法人、自治
体等に限られています。厚生労働省は 2040 年に向けた地域医療構想の
推進のため、個人開業医など個人立医療機関の参加を認めるようにし
て、「かかりつけ医機能」を持つ個人開業医の法人参加を促す方向です。
　他方、財政制度等審議会の建議は、地域医療構想を達成するために、
地域医療連携推進法人の「普及を徹底すべき」だとして、「参加する複
数の医療機関等に対し、一体として包括報酬を支払う」ことを主張し
ています。これは医療施設・病床・人員の集約化を進め、「効率」一辺
倒の医療提供体制を目指すものです。
　政府は、医療と介護の連携を推進し、「住み慣れた地域で豊かに老い
る」ことをめざすと説明していましたが、在宅医療・介護施設の充実
は遅々として進まず、病床削減と病院再編・統合だけが先行している
のが現状です。
　特に高齢者は、病気の治療だけでなく、生活を含めて総合的に診る

「治し、支える医療」が重要になり、医療と介護の複合ニーズも一層高まります。患者を総合的・継続的に幅広く診るかかりつけ医機能を備えた医療機関の役割はますます重要となります。

　かかりつけ医は患者が決めるものであり、かかりつけ医機能は医療機関が選択して提供するものです。患者とかかりつけ医の信頼関係を基礎として、1人の医師による対応から複数の医師が連携して対応することまで、かかりつけ医機能が発揮される様々な形について評価する仕組みが必要と考えます。

3　健康医療データ連携による地域医療構造の再編

⑴　医療 DX の狙い―データ一元管理とビジネス化

　マイナンバーカードの利用者証明用電子証明書の発行番号（シリアルナンバー）と、レセプト情報や電子カルテ、電子処方箋情報などがひも付けられ、個人の治療データ、薬の処方箋、医療材料の流通など、すべてのデータが国と医療機関等で共有されることになります。

　健康・医療データの標準化・精緻化及びデータの連結・統合を進めることによって、2040 年に向けて地域医療構想のバージョンアップを図り、医療提供体制の「効率化を図る」＝「余力と備え」を奪っていく政策をこれからも続け、医療費抑制をさらに強化することが狙われています。

　2022 年 11 月 24 日に開催された内閣官房の第 1 回医療 DX 推進本部幹事会は、全国医療情報プラットフォームの構築によって、①誕生から現在までの生涯にわたる健康・医療データを自分自身で一元的に把握、②本人の同意を得た上で、全国の医療機関等が必要な診療情報の共有、③健康・医療データを活用した民間事業者によるヘルスケアサービスの提供、製薬企業等によるデータの二次利用―などが実現されると強調しています。

全国医療情報プラットフォームと称する全国的な健康・医療分野の
データ連携基盤の構築によって、健康・医療全般にわたる個人情報を、
政府が共有して一元管理するとともに、民間 PHR 事業者がビジネス
として医療データを利活用して、新たな産業基盤となります。

個人情報は極力、分散管理することが鉄則ですが、政府が民間も使
ってマイナンバー制度とマイナポータルを通じて、一元的に管理する
方向を目指しています。

欧州連合（EU）は情報の漏洩等を防ぐため、政府が収集した情報を
できる限り一括で管理せず、分散管理を進めていますが、わが国は情
報システムの標準化・統一化によって、デジタル庁が一元管理する官民
の分野横断的なデータ連携基盤が構築されることが予想されます。デ
ジタル化された大量の個人情報を効率的に収集・集積できるだけでな
く、国民を監視するシステムの構築へつなげることも可能になります。

膨大な個人情報がマイナンバーカードによって政府に一元化される
ことで、社会の画一化が進み、政府が国民の行動を監視できる社会と
なる恐れがあります。国民の生活を支え、利便性を高めるデジタル化
は大切ですが、デジタル化はあくまで自動化やデータベース化の手段
でしかありません。

(2)　医療情報の利活用の規制緩和

個人情報保護法では、医療情報の一次利用について、要配慮個人情
報の取得や個人データの第三者提供は原則として本人同意の取得を求
めています。

医療機関がオンライン資格確認により患者の診断、検査や服薬の医
療情報を閲覧（一次利用）する場合は、個人情報保護法により本人同
意が必要となります。患者が同意するとすべての医療情報が開示され、
開示する情報を選択することはできません。

こうした医療情報の二次利用を促進するため、内閣府健康・医療戦

略推進事務局は 2022 年 12 月 27 日、次世代医療基盤法検討ワーキンググループを開催し、①現行法の匿名加工医療情報に加えて、新たに「仮名加工医療情報」（仮称）を創設する、②仮名加工医療情報を作成・提供する事業者を国が認定する仕組みを新たに設ける、③国が認定した利活用者に限り、仮名加工医療情報を提供可能とする仕組みを設ける—などの見直し案を提示しました。

　仮名加工医療情報とは、他の情報と照合しない限り、個人を特定できないよう加工した情報で、個人情報から氏名や ID 等の削除が必要になります。

　また、厚生労働省の医療分野における仮名加工情報の保護と利活用に関する検討会が取りまとめた「これまでの議論の整理」（2022 年 9 月 30 日）では、個人の医療情報を仮名加工した上で利活用するに当たっては、利用目的や第三者提供先に関する個別具体的な明示がなくても、それらの妥当性を客観的に審査して認められた場合には、「他の目的での利活用」や「他者への第三者提供」を可能とするルールを整備する方向です。

　内閣府は、「本人の同意を得て取得」という規制を緩和し、オプトアウト（本人が反対をしない限り、個人情報の第三者提供に同意したものとみなす）方式で医療情報を集めて、製薬企業や保険会社等が二次利用目的に使用できるデータを増やせるように次世代医療基盤法を改定する方針です。

　機微性の高い医療情報の取得・利活用は、患者本人の理解と納得を得ることを前提に、データ保護という信頼の上に成り立っています。幅広い治療結果のデータを分析して、効果的な治療や創薬に役立てるためには、国のナショナルデータベース等に集まった健康・医療情報は、それを突合することで有益なデータを導き出すことが可能になります。幅広い治療結果のデータを分析して、効果的な治療に役立てることは、

創薬、医学、医術、公衆衛生の進歩に貢献する側面があることは否定できません。こうした成果を迅速に医療保険制度に組み込むことにより、高度で良質な医療を国民に普遍的に提供することになり、結果的に医療費の節減に資することになります。

　その一方で医療は人命に関わる上に、高額な開発費用を伴うこともあり、高度な倫理基準と人権感覚が求められます。社会的規制の存在は極めて重要です。国民参加のもとで、社会的規制が国の責任によって厳正に行われるための仕組みを作らなければなりません。

　個人の健康・医療情報の機微性に配慮し、▽利活用する目的▽利活用する情報の内容▽利活用できる情報の範囲や対象者、などを明確に定めるべきです。その上で、個人情報やプライバシーの保護に関する課題や、情報セキュリティなどの技術的な問題点を明らかにし、企業の利活用に対する規制や、国や地方自治体の利活用にも制限を加え、国民がコントロールできるシステムが必要です。

　医療情報のデジタル化とその利活用ばかりが先行していますが、個人が自分のデータの使われ方をコントロールできる権利など、国民・患者の人権を守る仕組みが求められます。

(3)　経済指標による医療費抑制

　2040年を見据えた医療、社会保障に関して、財政制度等審議会の建議は、保険料を含めた医療給付費「そのものへの規律の導入」が必要だとして、「給付費の伸びと経済成長率の整合性」をとるように、経済成長率などの指標に基づき医療給付費の伸びを抑制する数値目標を設定するよう主張しています。

　あわせて「医療の提供量の適正化」として、需要面では、保険給付範囲を縮小し、その分を患者負担に移し替える。供給面では、「効率」最優先で医療提供体制を再編・縮小していくことを求めています。

　こうした主張は、2005年の経済財政諮問会議に、奥田硯経団連会長

（当時）ら民間議員が提案した「社会保障給付費の伸び率管理」導入の再来といえます。民間議員は「経済の"身の丈"合った社会保障」を目指し、「医療給付費は経済規模に見合って抑制しなければならない。そのためにマクロ指標による管理が必要だ」として、医療給付費の伸び率を名目国内総生産（GDP）の伸び率に合わせる「総額管理」指標の導入を求めました。

　当時、厚生労働省は、生活習慣病対策（糖尿病等の患者・予備群の減少）と平均在院日数の短縮という医療費抑制策を進めれば、2025 年度には約 6.5 兆円の医療給付費の削減が可能との試算を発表。政府・与党は「医療制度改革関連法案」として具体化する一方で、「総額管理」指標の導入は見送られました。

　日本の医療給付費は 2000 年度から 21 年度までの 21 年間に、26.6 兆円から 40.7 兆円へと毎年約 2％ 伸びています。他方、GDP は 535.4 兆円から 541.9 兆円とほとんど増えていません。主要先進国の中で最低レベルの伸び率です。

　日本の低い経済成長率と「整合性」をとるために医療給付費の伸びが抑えられることになれば、大幅な患者負担増や診療報酬の引き下げとなることは必至です。公的医療保険の意義が損なわれ、医療の質を低下させることになり、国民の安心・安全を揺るがす懸念があります。

　一方、内閣官房・内閣府・厚生労働省が共同で 2018 年 5 月に示した「2040 年を見据えた社会保障の将来見通し」によると、医療給付費は 39.2 兆円（2018 年度）から 66.7〜68.5 兆円（2040 年度）に増加しますが、2040 年度の GDP に占める医療給付費の割合は 8.4〜8.7％ であり、現時点（2017 年、厚生労働省算出）におけるフランスの 9.5％、ドイツの 9.0％ と比較しても同程度、もしくは低い水準です。財政制度等審議会の主張は、医療給付費の伸びに対して危機感を煽ってミスリードするものです。

⑷　外来医療体制の再編縮小に踏み出す

　2014 年 10 月から開始された「病床機能報告制度」の入院医療に関するデータを活用して地域医療構想が策定され、入院医療体制の再編縮小計画が検討され、実施されています。

　財務省は、今回示されたかかりつけ医機能の制度案を入口にして、外来医療体制の再編縮小に踏み出す狙いです。

　財政制度等審議会の建議は、かかりつけ医機能の要件を法制化し、要件を満たした医療機関を認定することや、希望する患者が事前に医療機関に登録することを提言しました。

　認定を受けた「かかりつけ医による診療」は、「定額の報酬も活用して評価」するとして、診療報酬を原則包括払いとする方向です。これに類似しているのが、2008 年に新設された「後期高齢者診療料」です（2010 年度診療報酬改定で廃止）。慢性疾患の継続的管理、月 600 点（6000 円）の包括払い、主病に対する特定の医師を患者が指定するものでした。複数の疾患を持っている高齢者等の患者が、一人の医師の受診で済めば医療費を抑えることができるという発想があるようです。

　また、認定を受けた「かかりつけ医」に対して、利用希望の被保険者による「事前登録・医療情報登録」を促す仕組みを導入するとしています。医療情報の登録にはマイナンバーカード健康保険証を利用することが想定されます。

　現在、診療科や疾病ごとに複数の「かかりつけ医」がいる患者が多くいますが、特定の認定「かかりつけ医」を選んで登録するとしています。イギリスの NHS（National Health Service）制度下の GP（General Practitioner）のイメージに近いといえます。

　一方で、被保険者の参加は任意といいながら、事前登録をせずに認定「かかりつけ医」に受診した患者に対しては、定額報酬の「全部または一部」の定額負担を求めます。さらに、認定「かかりつけ医」以

外の医療機関に登録せずに受診した患者に対しても、本人の医療情報の取得などにかかった費用を保険適用外として自己負担を徴収するとしています。

2022年10月から「大病院における紹介状なし患者の受診」の定額負担の金額が引き上げられましたが、対象を一般的な外来受診にも広げ、診療報酬から一部控除した分を患者負担に転嫁するという保険給付の範囲を縮小させる仕組みの適用拡大を狙うものです。

ペナルティ的な形で、1～3割の定率負担に定額負担を上乗せすることは、国民の受診の門戸を狭めて、早期診断・早期治療に逆行する懸念があります。患者の重症化につながり、国民の健康水準が低下することになりかねません。

2022年4月13日に開催された政府の経済財政諮問会議では、十倉雅和経団連会長ら民間議員が、「診療所・医師の『かかりつけ機能』を制度化（要件を満たす診療所を自治体等が認定、利用希望の患者が登録）すること」を求めていますが、財政制度等審議会の建議は、この主張に沿った形です。

外来医療体制の再編縮小に向けては、まず「かかりつけ医機能を持つ診療所や中小病院」（一般外来）を受診し、その医療機関の紹介を受けて、「紹介受診重点医療機関（一般病床200床以上）」（専門外来）を受診する。さらに逆紹介によって「かかりつけ医機能を持つ診療所や中小病院」に戻るという外来医療の流れを構築する方針です。

外来医療データを都道府県に毎年度報告する「外来機能報告制度」を踏まえ、「紹介受診重点医療機関（＝紹介状なし受診時定額負担の対象）」を公表する予定です。

2024年度から始まる第4期医療費適正化計画には、がんの化学療法や白内障手術の実施を入院から「紹介受診重点医療機関」の外来移行することについて新たな目標値を定めるとしています。

　また、24年度を目途に「かかりつけ医機能報告制度」の導入が準備されています。医療法等に「かかりつけ医機能」制度を規定し法的根拠を与えることで、紹介受診重点医療機関と合わせて外来医療の提供体制の責任を明確化する方針です。

　今回のかかりつけ医機能に関する制度案は、その第一歩にすぎないとされています。今後、仮にかかりつけ医の認定制や登録制が導入されるならば、二次医療圏（病床数など医療体制を計画する区域。2021年10月時点で全国355区域）単位で、診療科ごとに外来医療を担う医師配置や人口当たりの医師数を定めることにもつながっていきかねません。

　経済財政諮問会議の十倉雅和経団連会長ら民間議員は2022年12月1日、1人当たり医療費の地域差の解消に向けて、医療DXで整備するデータベースを活用し、標準的な医療サービスを定めて、展開を図ることを提言しています。

　医療費抑制を目的に、データ等を基にかかりつけ医機能の発揮の実態を可視化し、地域ごとの外来医療の「提供量の適正化」を図るとともに、医療資源（医療従事者や医療機器）の投入量に「地域差」があるとして、都道府県間の医療費の差を縮減する狙いです。

　厚生労働白書（2012年版）は、「日本国憲法に生存権が規定されて以降、日本の社会保障制度は大きく発展し、さまざまな仕組みが整備されてきた」と明記しています。

　誰でも疾病にかかる可能性があり、医療には負担（支払い）能力と関係なく必要性が生じます。自己責任や助け合いで解決できる問題ではありません。したがって、所得の多寡にかかわらずにすべての国民が平等に医療サービス給付を受けられるようにすることが、社会保障の本来のあり方です。国民の生命・健康を守るためにも、国民皆保険の基本的理念である「必要かつ適切な医療は基本的に保険診療により確保する」ことが求められます。

〈著　者〉

稲葉一将（いなば かずまさ）　名古屋大学大学院法学研究科教授（専門：公法学・行政法学）
　主な著作：『保育・教育のDXが子育て・教育・地方自治を変える』共著（自治体研究社、2022年）、『デジタル改革とマイナンバー制度』共著（自治体研究社、2022年）、「行政を含む社会全体の情報化と法の支配」『転形期における行政と法の支配の省察』本多滝夫ほか編著（法律文化社、2021年）、「行政のデジタル化と個人情報保護」白藤博行・自治体問題研究所編『デジタル化でどうなる暮らしと地方自治』（自治体研究社、2020年）ほか。

松山　洋（まつやま ひろし）　全国保険医団体連合会事務局主幹（医科政策担当）
　主な著作・論文：「診療報酬改定、医療政策をめぐる対抗軸：正念場を迎える診療報酬・医療保険制度」（『大阪保険医雑誌』2022年7月号、大阪府保険医協会）、「マイナンバーカード健康保険証利用のねらいと問題点：公的医療保険制度の充実に向けたデジタル化を」（『社会保障』503号、中央社会保障推進協議会、2022年）、「医療保険制度「改革」・国保改革の破綻と皆保険体制の再構築」『コロナ禍で見えた保健・医療・介護の今後：新自由主義をこえて』日本医療総合研究所編（新日本出版社、2022年）ほか。

神田敏史（かんだ としふみ）　神奈川自治労連執行委員長
　主な著作・論文：「保険・医療行政のデジタル化をめぐって」『デジタル化でどうなる暮らしと地方自治』白藤博行・自治体問題研究所編（自治体研究社、2020年）、「都道府県単位化で、国保制度はどう変わったか」『住民と自治』2018年10月号（自治体研究社）、『新しい国保のしくみと財政：都道府県単位化で何が変わるか』共著（自治体研究社、2017年）、『市町村から国保は消えない：都道府県単位化とは何か』共著（自治体研究社、2015年）ほか。

寺尾正之（てらお まさゆき）　日本医療総合研究所研究・研修委員
　主な著作・論文：「健康・医療のビジネス化とデジタル戦略への対抗」『コロナ禍で見えた保健・医療・介護の今後：新自由主義をこえて』日本医療総合研究所編（新日本出版社、2022年）。「地域医療を守るために不可欠な公立病院：公立病院の再編・統合をめぐる動向」『国民医療』354号（日本医療総合研究所、2022年）、「『誰一人取り残さない』デジタル戦略のねらいと問題点」『国民医療』352号（日本医療総合研究所、2021年）ほか。

医療DXが社会保障を変える
　―マイナンバー制度を基盤とする情報連携と人権―

2023年2月15日　　初版第1刷発行

　　　　　著　者　稲葉一将・松山洋・神田敏史・寺尾正之

　　　　　発行者　長平　弘

　　　　　発行所　㈱自治体研究社
　　　　　　　　　〒162-8512 東京都新宿区矢来町123 矢来ビル4F
　　　　　　　　　TEL：03・3235・5941／FAX：03・3235・5933
　　　　　　　　　http://www.jichiken.jp/　E-Mail：info@jichiken.jp

ISBN978-4-88037-751-3 C0036　　　　　　　　　DTP：赤塚　修
　　　　　　　　　　　　　　　　　デザイン：アルファ・デザイン
　　　　　　　　　　　　　　　　　印刷・製本：モリモト印刷㈱